教育部人文社会科学研究西部和边疆地区青年基金项目：基于跨层面分析的风险投资机构空间分布及其对投资绩效的影响研究，项目编号14XJC630006
国家自然科学基金面上项目：核心企业领导力及在技术创新战略联盟中的作用机理研究，项目编号71472144

风险投资机构网络位置、资源获取与投资绩效的关系研究

——投资策略的调节作用

Research on the Relationship of Venture Capital Firms'Network Position, Resource Acquisition and Investment Performance-Moderating Effect of Investment Strategy

王 曦／著

图书在版编目（CIP）数据

风险投资机构网络位置、资源获取与投资绩效的关系研究——投资策略的调节作用/王曦著. —北京：经济管理出版社，2019.8
ISBN 978 - 7 - 5096 - 6730 - 9

Ⅰ.①风… Ⅱ.①王… Ⅲ.①风险投资—研究 Ⅳ.①F830.59

中国版本图书馆 CIP 数据核字（2019）第 133097 号

组稿编辑：杨国强
责任编辑：杨国强　张瑞军
责任印制：黄章平
责任校对：王纪慧

出版发行：经济管理出版社
（北京市海淀区北蜂窝 8 号中雅大厦 A 座 11 层　100038）
网　　址：www.E-mp.com.cn
电　　话：（010）51915602
印　　刷：北京晨旭印刷厂
经　　销：新华书店
开　　本：720mm×1000mm/16
印　　张：10.75
字　　数：187 千字
版　　次：2019 年 8 月第 1 版　2019 年 8 月第 1 次印刷
书　　号：ISBN 978 - 7 - 5096 - 6730 - 9
定　　价：68.00 元

·版权所有　翻印必究·
凡购本社图书，如有印装错误，由本社读者服务部负责调换。
联系地址：北京阜外月坛北小街 2 号
电话：（010）68022974　邮编：100836

前　言

联合投资已成为风险投资机构应对竞争的战略选择，其广泛运用逐渐形成了复杂并富有动态性的联合风险投资网络。联合风险投资网络的发展为风险投资机构提供了一个嵌入网络、获取网络资源、提升投资绩效的战略机遇。国内外学者在联合风险投资网络的研究中做出了一些先驱性贡献，研究表明，网络位置是重要的联合风险投资网络结构特征，处于有利网络位置的投资机构具有较好的投资绩效。但是，实践中却发现，相同网络位置的投资机构具有不同绩效，相同绩效的投资机构其网络位置具有较大差异。虽然国内外学者已经对风险投资机构网络位置对投资绩效的直接影响有所涉及，但没有进一步研究网络位置在什么情况下，以何种方式对投资绩效起作用，对网络位置促进风险投资机构绩效的作用机理研究不足，网络位置的作用效果和影响机理仍需要进一步的理论论证及实证检验。

已有研究表明，资源观和社会网络理论的研究存在相互拓展，网络位置对行动者的行为和绩效有重要的影响。因此，本书结合联合风险投资理论、社会网络理论、资源观理论，在对相关概念进行界定的基础上，具体分析了网络位置与投资绩效、网络位置与资源获取、资源获取与组织绩效之间的关系，建立了风险投资机构网络位置—资源获取—投资绩效的理论模型，探讨了投资策略对资源获取中介路径的调节效应，并运用多元回归分析、中介效应模型和调节的中介效应模型等统计分析方法对提出的理论模型和假设进行了实证检验。

本书的创新性成果主要体现在以下几个方面：

第一，通过梳理社会网络理论、资源基础观理论、风险投资的相关文献，厘清了网络位置、资源获取、投资策略、投资绩效间的关系，发现风险投资机构间的联合投资关系具有网络组织的特征，网络对绩效的影响除了关注静态的网络结构，还应关注具有能动性的行动者，网络中应该包含风险投资机构、网络资源和网络行为三种彼此依存的网络元素。风险投资机构嵌入联合风险投资网络的网络行为具有显著的"资源导向",风险投资机构除了受到外在网络结构带来的限制和机会,还会与其他投资机构形成相互依赖的互动。本书将社会网络、资源基础观、联合投资理论相结合,应用于中国情境下风险投资机构投资绩效的研究,为风险投资提供了一个新的研究视角。

第二,基于结构—行为—绩效的研究范式,构建了网络位置—资源获取—投资绩效的关系模型,探讨了风险投资机构网络位置作用于投资绩效的中介路径。本书从联合风险投资网络功能、网络行为资源导向的特点出发,对联合风险投资网络中网络位置、网络资源、资源获取的内涵及分类进行了分析与界定,从理论上廓清了联合风险投资网络的重要构成,分析了网络位置对投资绩效、网络位置对资源获取、资源获取对投资绩效的影响,采用大样本对所构建的概念模型及研究假设进行了实证检验。该理论框架对不同网络位置影响资源获取的研究空白是有益的补充,有助于深入认识网络位置影响投资绩效的作用机理,对于把握不同网络位置投资机构在网络中的资源获取行为具有重要意义。

第三,实证检验了中心性位置和结构洞位置对风险投资机构投资绩效的曲线效应,理清了中心性位置和结构洞位置的交互关系对投资绩效的影响。以往研究更多的是关注网络位置对投资绩效的直接影响,鲜有探究网络位置对投资绩效影响机理的研究。本书根据社会网络方法利用国内专业数据库构建了联合投资网络,研究发现,风险投资机构从中心性位置和结构洞位置提升投资绩效存在最佳点,过高/低的中心性和占据过多/少的结构洞位置都不利于投资绩效的提升。研究还发现,中心性位置与结构洞位置对投资绩效的影响具有替代关系。实证研究结果证明了从中心性和结构洞两个方面研究网络位置的必要性,也有助于解释以往研究中存在的相互冲突的研究发现。

第四,结合网络结构特征、网络行为与成员属性,考察了风险投资、机构投资策略对资源获取中介路径的调节效应。已有研究强调了网络对资源获取行为的影响,忽略了网络行为者自身属性对资源整合利用的能动性。本书研究发现,风险投资机构投资策略是资源获取影响投资绩效的权变因素,不同投资策略(行业多样化、分阶段投资、本地偏好)对资源获取中介路径的调节效应不同。这一研究结论有助于我们理解投资策略整合利用网络资源的不同作用,投资策略作为联合风险投资网络中投资机构的成员属性,是重要的调节资源获取影响投资绩效的权变因素。

本书基于社会网络和资源基础观结合的视角,构建了网络位置影响投资绩效的资源获取中介路径模型,并分析了投资策略对资源获取影响投资绩效的调节作用,在一定程度上丰富和拓展了现有的理论研究,对风险投资机构联合投资、资源获取行为、投资策略选择具有实践指导意义。

本书为国家自然科学基金面上项目(71172201)的重要组成部分,同时也是教育部人文社会科学研究西部和边疆地区青年基金项目(14XJC630006)的一部分,并受到国家自然科学基金面上项目(71472144)的资助。

目 录

1 引言 ··· 1
　1.1 研究背景 ·· 1
　　1.1.1 现实背景 ·· 1
　　1.1.2 理论背景 ·· 6
　1.2 研究问题和研究内容 ·· 11
　　1.2.1 研究问题 ·· 11
　　1.2.2 研究内容 ·· 12
　1.3 研究方法及研究框架 ·· 13
　　1.3.1 研究方法 ·· 13
　　1.3.2 研究框架 ·· 14
　1.4 本章小结 ·· 16

2 文献综述 ··· 17
　2.1 网络位置与组织绩效的相关研究 ························· 17
　　2.1.1 网络位置的内涵与分类 ································ 17
　　2.1.2 网络位置对组织绩效影响的相关研究 ············ 22
　2.2 网络位置与资源获取的相关研究 ························· 24
　　2.2.1 网络与资源获取关系的相关研究 ·················· 24
　　2.2.2 网络位置对资源获取影响的相关研究 ············ 26
　2.3 资源获取与组织绩效的相关研究 ························· 28
　　2.3.1 资源与组织绩效关系的相关研究 ·················· 28
　　2.3.2 资源获取对组织绩效影响的相关研究 ············ 31
　2.4 投资策略与组织绩效的相关研究 ························· 33

2.4.1　行业多样化与组织绩效的相关研究 ················ 34
  2.4.2　分阶段投资与组织绩效的相关研究 ················ 36
  2.4.3　本地偏好与组织绩效的相关研究 ················ 37
 2.5　文献述评 ························ 38
 2.6　本章小结 ························ 40

3　概念模型构建与研究假设 ······················ 41
 3.1　相关概念界定 ······················ 41
  3.1.1　联合风险投资网络 ··················· 41
  3.1.2　风险投资机构资源获取行为 ··············· 44
  3.1.3　风险投资机构网络位置 ················· 47
 3.2　概念模型构建 ······················ 47
  3.2.1　网络位置与投资绩效 ·················· 48
  3.2.2　网络位置、资源获取与投资绩效 ············ 49
  3.2.3　资源获取、投资策略与投资绩效 ············ 51
 3.3　研究假设提出 ······················ 53
  3.3.1　网络位置对投资绩效的影响 ··············· 53
  3.3.2　网络位置对资源获取的影响 ··············· 62
  3.3.3　资源获取对投资绩效的影响 ··············· 69
  3.3.4　资源获取的中介作用 ·················· 73
  3.3.5　投资策略的调节作用 ·················· 73
 3.4　本章小结 ························ 79

4　研究设计 ···························· 81
 4.1　数据来源 ························ 81
  4.1.1　数据收集 ······················ 81
  4.1.2　联合风险投资网络构建 ················· 82
 4.2　变量选取与测度 ····················· 83
  4.2.1　被解释变量 ····················· 83
  4.2.2　解释变量 ······················ 85
  4.2.3　中介变量 ······················ 85

  4.2.4 调节变量 ……………………………………………… 87
  4.2.5 控制变量 ……………………………………………… 90
 4.3 模型的统计分析方法 ………………………………………… 91
  4.3.1 直接效应检验 ………………………………………… 91
  4.3.2 中介效应检验 ………………………………………… 92
  4.3.3 调节的中介效应检验 ………………………………… 94
 4.4 样本描述性统计分析和相关分析 …………………………… 95
 4.5 本章小结 ……………………………………………………… 98

5 经验检验 ……………………………………………………………… 99

 5.1 直接效应检验 ………………………………………………… 99
  5.1.1 网络位置与投资绩效 ………………………………… 99
  5.1.2 网络位置与资源获取 ………………………………… 102
  5.1.3 资源获取与投资绩效 ………………………………… 103
 5.2 资源获取的中介效应检验 …………………………………… 105
 5.3 投资策略的调节效应 ………………………………………… 109
  5.3.1 行业多样化投资策略的调节效应 …………………… 109
  5.3.2 分阶段投资策略的调节效应 ………………………… 112
  5.3.3 本地偏好投资策略的调节效应 ……………………… 115
 5.4 稳健性检验 …………………………………………………… 118
 5.5 本章小结 ……………………………………………………… 121

6 结果讨论 ……………………………………………………………… 124

 6.1 网络位置与投资绩效的曲线效应 …………………………… 124
 6.2 资源获取的中介效应：解释曲线效应存在的原因 ………… 127
 6.3 投资策略对资源获取中介路径的调节效应 ………………… 130
  6.3.1 行业多样化的调节效应 ……………………………… 130
  6.3.2 分阶段投资的调节效应 ……………………………… 132
  6.3.3 本地偏好的调节效应 ………………………………… 133
 6.4 本章小结 ……………………………………………………… 134

7 研究结论与展望 ·· 135
7.1 主要研究结论及意义 ································ 135
7.1.1 主要研究结论 ································ 135
7.1.2 研究意义 ···································· 136
7.2 研究创新点 ·· 140
7.3 研究局限与展望 ···································· 142

参考文献 ·· 144

1 引言

自1946年美国创立第一家风险投资公司以来，风险投资在全球范围内迅速发展，在科技创新、科技成果转化、就业、区域经济增长等方面的促进作用已为各国经济社会发展实践所证实。时至今日，风险资本已成为全球金融市场的重要组成部分，在推动技术创新方面发挥着重要作用。在这一大背景下，风险投资引起了学术界和实际工作者的高度关注。纵观国内外风险投资的发展，网络化已成为一个显著特征，基于网络视角深入分析风险投资机构发展的内在规律，探究网络对投资绩效的影响，促进风险投资的健康发展具有重要意义。

1.1 研究背景

1.1.1 现实背景

1.1.1.1 中国风险投资业快速发展，业内竞争进一步加剧，联合投资广泛运用

风险投资起源于美国，自1985年我国第一家风险投资公司正式批准成立至今，中国风险投资行业在支持创新、培育新兴产业和推动经济转型升级过程中起到不可替代的作用，成为中国金融市场的重要组成部分，对经济发展发挥着重要影响。如图1-1所示，风险投资市场发展仍然迅猛，2017年中国风险投资各类机构数达到2296家，是2007年的5.99倍；2017年管理资本总额达8872.5亿元，是2007年的7.97倍；2017年累计投资项目总数为20674个，较2007年增长370%；投资规模为4110.2亿元，较2007年增长828.6%。风险投资业的快速发展，对创业企业、创新型国家的建设起到了巨大的促进作用。

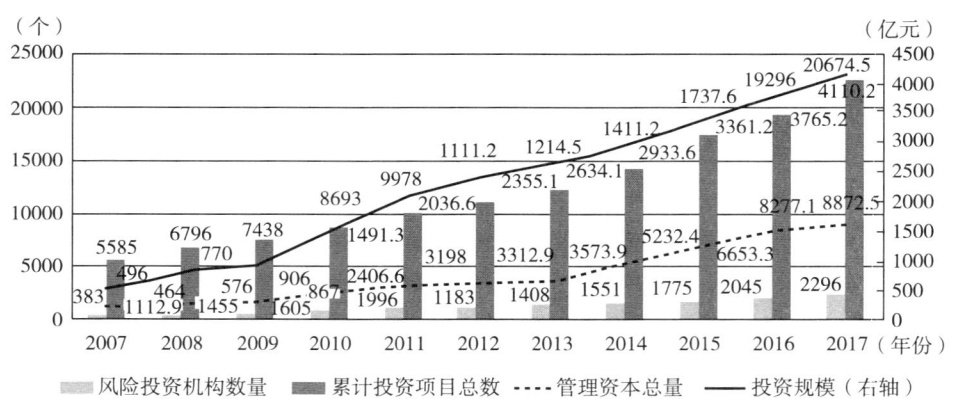

图 1-1　2007~2017 年中国风险投资机构发展状况

资料来源：《中国创业风险投资发展报告》(2008~2018)，经济管理出版社。

中国风险投资行业有明显增长，但仍存在突出问题。图 1-1 数据显示，管理资本总量与投资规模两者之间存在较大差距。投资机构 2007 年管理资本总量为 1112.9 亿元，而投资金额为 496 亿元，相差 616.9 亿元；2012 年管理资本总量为 3312.9 亿元，而投资金额为 2355.1 亿元，相差 957.8 亿元；2017 年管理资本总量为 8872.5 亿元，而投资金额为 4110.2 亿元，相差 4762.3 亿元。两者之间的巨大差距表明了投资不足、投资机会欠缺。另外，从国内外风险投资的实践看，由于信息不对称、不确定性大的特点，风险投资存在明显的地理聚集，管理资本额和投资机构数在不同地区分布不均。图 1-2 显示了我国北京、江苏、广东、浙江、安徽等地的管理资本额远远超过 50%。从整体上看，提高识别获取投资机会的能力及提高跨区域投资的管理增值服务能力，对风险投资业的发展带来了极大挑战，是当前风险投资业快速发展中急需解决的问题。

因此，伴随着风险投资行业的飞速发展，风险投资机构面临着日益激烈的竞争环境，越来越意识到单靠自身力量已不可能拥有确保竞争取胜的全部资源，现实中，联合投资是风险投资机构最常采用的投资策略。联合投资分散投资风险、增加风险投资机会，避免了单独投资的恶性竞争，可以实现投资机构间的相互学习和人力资本等资源方面的互补，提升了风险投资公司的内部管理水平。同时，联合投资也是实现公私联合、政府引导基金带动民间风险投资发展的一种方式。因此，投资机构间合作的必要性与必然性成为现实。图 1-3 根据中投集团 CVSource 提供的 VC 融资事件的数据，统计了中国风险投资资本市场 2007~2018 年总投资轮次、联合投资轮次、联合投资轮次占比的数据，联合投资轮次占比基本都保持在 30% 左右，最高为 2017 年的 35.69%，最低为 2013 年的 22.54%。由此可见，联合投资已成为风险投资机构应对竞争的重要战略选择，标志着投资机构间由单一的竞争进化为竞合式的竞争。

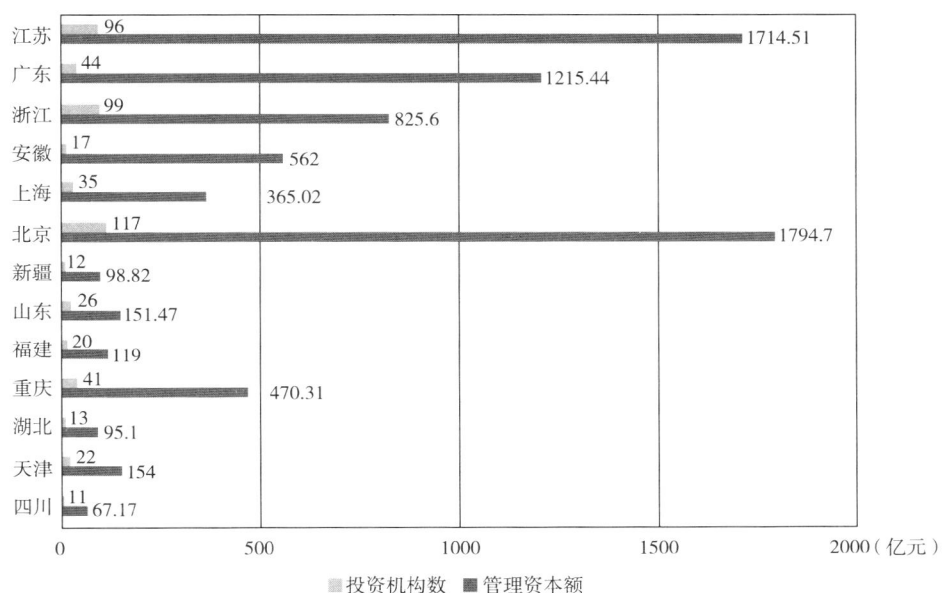

图 1-2 中国创业风险投资机构主要地区分布（2017）

资料来源：《中国创业风险投资发展报告 2018》，经济管理出版社。

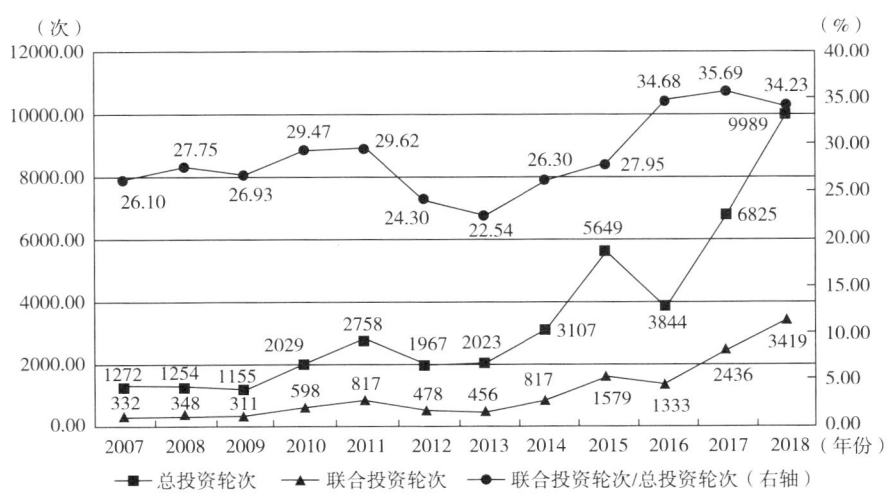

图 1-3 2007～2018 年中国风险资本市场联合投资状况

资料来源：CVSource 数据库融资事件数据整理。

1.1.1.2 联合投资的广泛运用促进了联合风险投资网络的形成,联合风险投资网络成为投资机构获取资源的重要渠道

风险项目投资往往具有很高的不确定性和专业性,这使得单个风险投资机构难以全面掌握投资过程中所需的知识和技能,因而风险投资机构会采用联合投资来降低投资风险,增加投资收益,从而影响企业的竞争优势。联合投资长期广泛的运用,形成了以联合为基础的联合风险投资网络。图1-4根据2000~2018年发生在中国境内的融资事件的联合数据,以5年为时间窗,分别绘制了中国风险投资行业发展各阶段联合风险投资网络图。由图1-4可知,随着风险投资业的发展,联合投资的采用逐渐形成了复杂并富有动态性的网络。联合风险投资网络的形成与发展表明,风险投资机构开始越来越依赖外部力量,逐渐重视投资机构间的关系带来的资源和机遇,联合风险投资网络的动态发展为风险投资机构提供了一个嵌入网络、获取外部网络资源、提升投资绩效的战略机遇。

由图1-4还可以看出,风险投资机构嵌入与其他投资机构相互交往并交换资源的动态网络体系中,并处于一定的网络位置。不同机构在网络中占据不同的位置,比较直观的是较为中心和边缘的机构。同时,不同阶段,风险投资机构的网络位置还会发生变化。究其原因,风险投资行业是知识密集型行业,积累行业知识和特定投资阶段的融资与管理技巧成本相当高,而这些经验很难通过市场的手段去购买。因此,联合投资广泛运用形成的联合风险投资网络作为获取资源的重要渠道,对风险投资的绩效产生了重要影响。

1.1.1.3 联合风险投资网络有利于提高风险投资机构的竞争优势,风险投资机构网络位置对投资绩效具有显著且复杂的影响

联合风险投资网络发展至今,风险投资机构会不会因为处于不同的网络位置,而导致其最终绩效的差异呢?本书根据社会网络分析方法在图1-4的2004~2008年联合风险投资网络中进一步选取了5家中心位置和5家边缘位置的风险投资机构,使用UCINET软件进行了网络特征的计算,并统计了其退出绩效,如表1-1所示。可以看到:第一,不同的投资机构具有不同的网络特征值,即使其中某一特征值相似,但其他特征值也存在差异;第二,中心度较高的投资机构退出绩效较好,如中介中心性排名前五的投资机构其退出绩效也较高;第三,即使位置相似的风险投资机构,其投资绩效也存在差异,投资绩效相似的投资机构其网络特征值也具有较大差异。如IDG资本特征向量中心性为0.608,海纳亚洲特征向量中心性为0.668,但两者绩效不同。成都亚商创投和海纳亚洲的

绩效分别为 0.179 和 0.152，但两者网络特征值有很大差异。

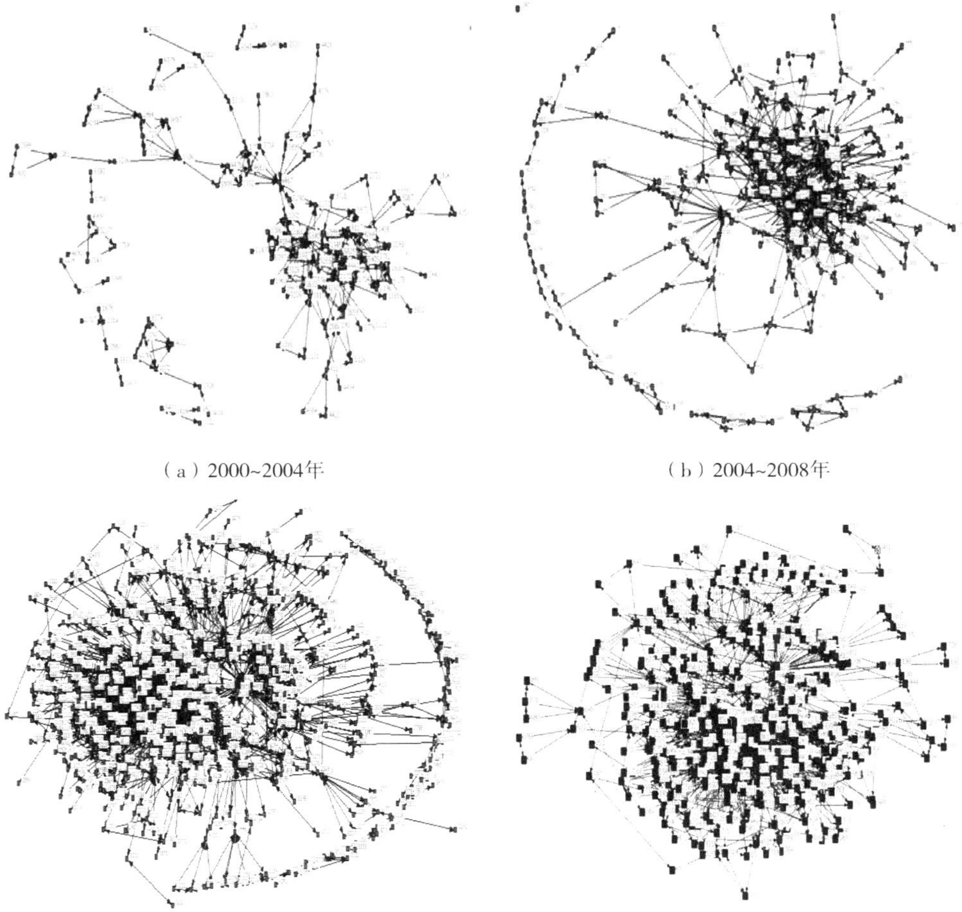

(a) 2000~2004年

(b) 2004~2008年

(c) 2009~2013年

(d) 2014~2018年

图 1-4 四个时期风险投资机构联合风险投资网络示意图

表 1-1 风险投资机构网络位置及退出绩效

机构代码	机构名称	中介中心性	程度中心性	特征向量中心性	(退出轮次/已投资轮次)
4467	深创投	38617.660	6.000	0.269	0.439
1172	IDG 资本	15150.786	9.000	0.608	0.241
1793	达晨创投	8332.862	1.000	0.031	0.272
5540	英特尔投资	8188.022	5.000	0.332	0.397
2469	海纳亚洲	7271.134	12.000	0.668	0.179

续表

机构代码	机构名称	中介中心性	程度中心性	特征向量中心性	(退出轮次/已投资轮次)
6219	君润投资	0	1.000	0.031	0.000
6220	鑫澳创投	0	0.000	0.000	0.000
6221	上海融高	0	1.000	0.000	1.000
6222	成都亚商创投	0	1.000	0.000	0.152
6223	新区创投集团	0	0.000	0.000	0.300

资料来源：CVScrouce 数据库。

风险投资机构占据不同的网络位置，表现出不同的投资绩效。投资绩效的差异，表明联合投资的广泛运用、风险投资网络的形成是风险投资发展的必然，联合风险投资网络有利于投资绩效的提升。但不同网络位置投资机构的不同绩效表现，甚至是相同网络位置的不同绩效表现的原因到底是什么？网络位置怎样影响投资机构的投资绩效是值得关注的现实问题。

因此，在复杂并富有动态性的联合风险投资网络形成的背景下，风险投资机构嵌入联合风险投资网络并受到特定网络结构的影响，还可能受到诸如其行为、投资环境等其他因素的共同作用。风险投资机构为了有效地开展投资活动，提升投资绩效，需要进一步探讨风险投资机构网络位置对投资绩效的作用机理。

1.1.2 理论背景

1.1.2.1 联合投资是风险投资研究领域一直关注的热点，基于联合投资的联合风险投资网络受到学者关注

早在 20 世纪 80 年代，学者就从理论层面对联合投资的功能进行了探讨，之后 20 多年的时间里，在管理学、金融学领域的主流学术杂志以及创业管理和创业金融领域的专业杂志里，屡屡可见联合风险投资方面的论文。大量研究表明，风险投资机构可以从联合投资中获得多种收益。从投资机构层面看，已有研究表明，联合投资有助于风险投资机构实现多样化投资（Lockett & Wright, 2001; Verwaal, Bruining & Wright, 2010），扩大项目选择集合（Lerner, 1994; Cumming, 2006; Keil, Maula & Wilson, 2010），进入海外市场（Tykvová & Schertler, 2011; Meuleman & Wright, 2011），获取外部知识（De Clercq & Dimov, 2008; Hopp, 2008），提高投资绩效（Brander & Amit, 2002; Cumming & Dai, 2010; Das, Jo & Kim, 2011）。从投资项目层面看，已有研究表明，联合投资有助于风

险投资机构缓解项目选择过程中的逆向选择问题（Cumming，2006；Casamatta & Haritchabalet，2007），降低所选项目的不确定性（Lerner，1994）和交易过程中的不确定性风险（Kang & Zaheer，2018），加强对投资项目的监督（Sorenson & Stuart，2001），提供更好的增值服务（Lehmann，2006）。也有研究表明，联合投资会给投资机构带来一些成本（Wright & Lockett，2003；Meuleman，Wright & Manigart，2009）。进入21世纪以来，随着社会网络理论与方法的发展与完善，联合风险投资网络成为风险投资领域的一个新的研究热点。早在Bygrave（1987，1988）的研究中，风险投资业的网络特征已引起注意，相关研究指出，联合风险投资网络有助于风险投资机构交易流质量的提高，有助于将信息传播并扩大交易的空间范围，更多的投资机会有利于筛选出更好的投资方案，也有助于风险投资机构借助网络优势为创业企业提供更多增值服务（Sahlman，1990；Kaplan & Shoar，2005）。投资机构还可以借助区域和行业划分的子市场网络的网络密度建立市场进入壁垒（Hochberg，Ljungqvist & Lu，2010）。社会网络和风险投资的交叉研究，使学者们逐渐开始关注联合风险投资网络对于投资绩效的重要影响。

1.1.2.2 风险投资机构网络位置对投资绩效的影响机理仍是黑箱

网络组织的多样化发展引发了学者们对网络组织内容、结构、效率及演化等一系列问题的探讨。虽然学者们对联合风险投资网络关注的时间并不长，但已取得了一些重要的研究成果。风险投资网络的国内外文献主要围绕两个方面展开：风险投资机构的网络结构特征与组织绩效之间的关系；网络资源、网络行为对风险投资家识别、发现、评估创业企业以及促成新企业发展的影响。许多学者认为，风险投资机构网络位置是重要的网络结构变量，对投资绩效会产生影响。代表性的研究成果有：Sorenson和Stuart（2001）在社会学和管理学的顶尖期刊 *American Journal of Sociology* 上发表了一篇研究联合风险投资网络与风险投资机构地理分布关系的文章。他们的研究表明，在联合风险投资网络中处于有利位置的投资机构可以突破空间与行业的限制，投资于空间距离和行业距离远的风险项目。Podolny（2001）在 *American Journal of Sociology* 上发表了一篇从资源通道（Pipes）和信号发送两个角度分析联合风险投资网络的功能的论文，并探讨了投资机构在联合风险投资网络中所处的位置与投资项目所处发展阶段之间的关系。他的研究表明，占据结构洞数量多的投资机构所投资的风险项目所处的阶段更靠前，地位高的投资机构所投资的风险项目所处的阶段更靠后。Hochberg、Ljungqvist和Lu（2007）在金融学顶尖期刊 *Journal of Finance* 上发表了一篇关于探讨联合风险投资网络与投资绩效关系的论文。研究表明，在联合风险投资网络中处于有利位置的投资机构可以实现更高的投资绩效。Nisar、Martin 和 Abell（2007）利用英国和欧洲大陆 1995~2005 年 624 家风险投资机构的数据样本研究得出与 Hochberg、Ljungqvist 和 Lu（2007）类似的结论。Guler 和 Guillén（2010）在管理学顶尖期刊 Academy of Management Journal 上发表了一篇探讨国内联合风险投资网络与投资机构进入海外市场之间关系的论文。他们的研究表明，由于联合风险投资网络所具有的信号发送功能，在国内联合风险投资网络中处于有利位置的投资机构更有可能进入海外市场。风险投资机构网络位置的研究越来越受到学者们的重视。

已有网络位置的大多数研究主要从中心性和结构洞两方面来分析网络位置的影响，两类网络位置研究的思路与方法并不尽相同，两类位置的形成及表现存在差异。中心性位置形成于网络封闭，与更多的投资机构有过联合投资的经历，由于持续的、多重的社会关系而产生（Burt，2001），其合作伙伴的选择以及投资领域具有诸多相似性（Podolny，2005），冗余促进了资源的交换和流动，将明显占据信息优势（Rossi，Blake & Timmermann，2018）。而结构洞位置来源于社会网络稀疏地带的联结（Burt，2009），是信息的中介，能够区隔非冗余性信息，可以从作为中间人的位置上获取收益，明显具有信息优势和控制优势（Burt，2002；Rodan & Galunic，2004）。因此，两类位置对投资绩效的作用过程和机理亦有区别。一些研究表明，不同网络位置对投资绩效的影响不同。比如，Podolny（2001）研究了在联合风险投资网络中所处的位置与投资项目所处发展阶段之间的关系。研究发现，占据结构洞数量多的投资机构所投资的风险项目所处的阶段更靠前，地位高的投资机构所投资的风险项目所处的阶段更靠后。Houston、Lee 和 Suntheim（2018）研究了网络中的中心银行在各种各样的银行间交易中扮演着重要的角色，发现当潜在的合作方具有不同的会计和监管准则时，社会网络产生的软信息显得更为宝贵。本书发现，最近的银行危机显著地降低了全球银行业社交网络中软信息的正面作用，重要位置的银行从不同的伙伴那里获取非冗余和多样化信息。Cassi 和 Plunket（2014）研究了网络位置对绩效的影响，网络位置分为接近位置（Closure）和桥接位置（Bridging）两类位置。位于接近位置时，当参与者嵌入到紧密连接的网络中，合作和知识流动是相对容易的。嵌入非常紧密和强联结的网络可能会危害个体寻找新的知识以及其学习过程。个体占据桥接位置便于知识获取。结构洞关系提供了一个与远距离具有多种资源的参与者联合的机会。党兴华等（2011）对中国风险投资机构进行实证研究发现，风险投资机构的网络位置会对投资机构的投资绩效产生影响。中心性位置对投资绩效有正向影响，而结构洞位置对投资绩效没有显著影响。

通过以上文献回顾发现，尽管网络位置的重要性已经逐渐受到重视，现实中即使在所嵌入网络结构相似的个体之间，仍会由某种原因导致投资绩效存在差异，而网络位置的大多数研究只关注了风险投资机构网络位置对投资绩效的直接影响，没有进一步探究网络位置在什么情况下，以什么方式起作用，对网络位置促进风险投资机构绩效的作用机理研究不足。不同网络位置的作用效果和影响机理仍需要进一步的理论论证和实证检验。

1.1.2.3 提升风险投资机构投资绩效的有效路径有待挖掘

网络的形成提供了组织间资源依赖的研究视角，开始关注网络资源的重要影响以及行动者之间的资源交换，网络中的行动者存在资源导向的网络行为。学者们对多种网络（创新网络、金融网络、创业企业网络、联盟组合等）中网络位置的影响进行了探索。研究发现，网络位置将决定组织所能拥有资源的多寡与品质（Ahuja, Soda & Zaheer, 2012），是网络中每个行动者控制或参与网络中这些网络资源流动的程度（王宇露，2008）。中心企业可以利用这些渠道获得关键信息和资源，还可以加强权力控制或调节其他行动者对资源的访问或获得（Wasserman & Dussauge, 2011）。通过网络实现资源与信息的流动及共享是组织构建或加入网络的主要动因，从良好的网络位置中获得优质的、相关性高的信息及资源，可以改善公司的绩效。本质上，联合风险投资网络也是一个以互利为目标的社会网络，投资机构同样需要从网络中获取所需资源。联合风险投资网络是信息和资源流通的通道（Podolny, 2001），具有信息和资源共享的功能（Hochberg, Ljungqvist & Lu, 2007），在网络中处于有利位置的投资机构可以掌握更多的有关潜在投资机会的信息，因而更有可能突破空间和行业所带来的限制（Sorenson & Stuart, 2001），具有更良好网络资源的风险投资家，或者被更良好网络资源风险投资家所投资的创业企业都会导致更高的绩效。将资源观引入社会网络研究领域，直接导致了社会网络理论从关注整体网络的功能转向个体行动者如何主动地利用其嵌入性获得网络资源，从而获得相对于其他行动者的竞争优势。因此，联合网络中的投资机构存在资源导向的网络行为，网络位置对网络行为具有一定的影响。同时，近年资源观方面的相关研究也表明，基于网络资源的网络行为会影响到最终的绩效。资源影响了企业竞争行为，而这些行为又会影响企业的资源，进而导致高绩效的产生（Ndofor, Sirmon & He, 2011）。资源在横跨组织范围的宽度、资源在公司成长的不同阶段的整合以及资源在公司不同层面的整合都会影响竞争优势的获取，进而影响组织绩效（Sirmon, Hitt, Ireland & Gilbert, 2011）。联合网络特征如何影响网络中个体成员绩效的研究较为缺乏，研究网络资源禀赋在网络凝聚力与投资绩效之间起调节关系，成熟度（具有较高的内部资源）和高地位（具有较高外部资源）的 VC，从网络凝聚力的影响中获益较少（Bellavitis, Filatotchev & Souitaris, 2017）。风险投资情境下，风险投资机构的内部知识开发和外部知识获取这两种知识驱动战略都会对投资绩效产生影响，投资到该机构熟悉的行业以及与更多著名的外部伙伴一起投资时，可以提高投资绩效（De Clercq & Dimov, 2008）。

因此，社会网络的研究关注了参与者的网络行为，而资源观中网络资源的提出也考虑到网络资源获取行为对竞争优势的影响。资源观和社会网络理论的研究存在相互拓展。尽管学者们已认同了网络资源的积极作用，但对于网络资源获取与利用的实证研究却一直未能有效展开。网络资源获取行为的提出，为网络位置影响投资绩效的机理的深入揭示提供了启示，风险投资机构网络位置—网络资源获取行为—投资绩效的影响路径有待进一步验证。

1.1.2.4 网络位置影响风险投资机构投资绩效的权变因素有待进一步探讨

网络位置是社会网络研究的结构属性之一，是风险投资机构通过联合风险投资网络获取外部资源提升投资绩效的重要变量。风险投资机构能够有效发挥网络位置的优势，利用与联合伙伴的关系，有效地获取到网络资源。但仅仅研究结构属性、关系属性来解释组织如何获取网络资源并影响投资绩效是不全面的，还需要考虑与网络组织相关的成员属性，分析风险投资机构如何有效地利用网络资源来提升投资绩效，才是有效的分析思路。因此，应从成员属性出发，已有研究表明，投资策略基于对投资风险与收益进行权衡的原则，主要从阶段、行业和地域的投资选择入手。相关研究指出，知识的多样性有助于促进企业学习的深度、广度及速度，从而有利于提升企业绩效（Beckman & Haunschild, 2002）。风险投资家通过利用网络资源投资到更多的、质量好的、分布在不同行业、区域和发展阶段的风险企业，能够增加投资范围和规模，从而提高项目投资的绩效（Jääskeläinen, 2012）。相类似的研究认为专业化有利于组织的发展。专业化的风险投资机构积累了专业的投资经验，有助于减少风险投资家与企业家之间的协调成本（Jenner, 2013），便于风险投资家的经验和知识向创业企业转移（Grant & Baden - Fuller, 2004；Heeley & Matusik, 2006；Simon, 1991）。专业性越高，协调成本越低，传播的效率越高，知识就越容易被共享（Brown & Duguid, 1991；Dougherty, 1992）。分阶段投资使得风险资本家能够收集有关项目发展潜力信息、监控企业进程并动态配置各项权利,有助于风险投资家避免将资金投向不好的项目,有助于对风险企业家形成有效的约束,减少由于决策不当所造成的潜在损失(Gejadze, Giot & Schwienbaher, 2012)。风险投资机构与被投企业间的地理邻近促使投资机会在发现(Wright, Pruthi & Lockett, 2005)和筛选(Sorenson & Stuart, 2001; Cumming & Johan, 2006)项目时的成本较低,而且较近的企业的管理和监控相比较远的企业会更容易(Mason & Harrison, 2002; Powell et al., 2002; Bengtsson & Ravid, 2009)。因此,投资策略是风险投资机构影响投资绩效、提升资源获取效率的重要权变因素。

本书不仅关注风险投资机构的网络位置及其影响,更应该关注风险投资机构如何运用网络位置来获取网络资源,从而作用于投资绩效,本书还考虑风险投资机构杠杆化利用网络资源会受到哪些投资策略的影响,这样才能将风险投资机构如何提升投资绩效的研究推向深入。网络资源的获取是前提和基础,而网络资源的有效整合利用才是重要手段,网络位置影响风险投资机构投资绩效的权变因素有待进一步探讨。

1.2 研究问题和研究内容

1.2.1 研究问题

从实践背景可知,无论从宏观层面来看,还是从微观层面来看,联合投资的广泛运用形成了复杂并富有动态性的联合风险投资网络,风险投资机构嵌入联合风险投资网络占据一定的网络位置,网络位置对投资绩效具有重要且复杂的影响。从理论背景可知,资源观与社会网络理论的交叉为网络中个体提升竞争优势提供了新的研究视角,而联合风险投资网络的研究既为联合投资提供了新的研究视角和研究方法,也为社会网络理论和方法的应用与扩展提供了新的天地。目前,关于联合风险投资网络对于组织绩效的重要影响,大多数研究只关注了风险投资机构网络位置对投资绩效的直接影响,没有进一步探究网络位置在什么情况下、以什么方式起作用,对网络位置促进风险投资机构绩效的作用机理研究不足。网络位置对投资绩效的影响机理,已经开始从网络资源的重要影响以及行动者之间的资源交换等方面进行解释,关于网络资源的相关研究碎片化地散落在一些文献中,但较为鲜见从基于网络资源的行为视角展开研究。同时,投资策略对投资绩效有着显著的影响作用,不同的投资策略可能会导致对外部获取利用资源内容的差异,与资源获取必然存在一个较好的相互匹配模式。因此,有必要揭示网络位置对投资绩效的影响机理,明确网络位置—资源获取行为—投资绩效的关系路径,并通过引入投资策略的情境变量,探索不同投资策略的作用效果,从而有效回答如何提升风险投资机构投资绩效这一理论问题。

本书针对"风险投资机构网络位置如何影响投资绩效"这一问题展开研究,分析在中国情境下联合风险投资网络中风险投资机构的网络位置对投资绩效的影响机理。具体而言,本书逐层深入探究以下几个问题:

第一,风险投资机构两种网络位置(中心性位置、结构洞位置)对投资绩效的直接和交互影响是怎样的?

第二,风险投资机构两种网络位置(中心性位置、结构洞位置)如何影响风险投资机构在联合风险投资网络中的资源获取行为?资源获取行为如何影响风险投资机构投资绩效?

第三,风险投资机构资源获取行为在两种网络位置影响投资绩效的过程中扮演着怎样的角色?

第四,风险投资机构资源获取行为的中介效应是否会受到不同投资策略调节的影响?

1.2.2 研究内容

根据以上本书所要研究和解决的问题,基于社会网络理论、资源观理论以及权变理论,本书试图阐明风险投资机构"网络位置""资源获取行为""投资绩效"三者之间的相互关系,并进一步探索不同投资策略在上述关系中的调节作用,分析得出风险投资机构网络位置通过资源获取行为影响投资绩效的作用路径,以及发现投资策略对上述关系的调节效应,从而为风险投资机构投资绩效的提升提供一定的指导。具体研究内容如下:

首先,从网络行动者及其关系、网络资源与活动三个方面界定联合风险投资网络的概念,厘清了网络位置概念及其分类,在此基础上,本书从中心性和结构洞两个视角,项目选择与项目评估、项目监督与增值服务两个方面分析风险投资机构网络位置对投资绩效的直接影响,从互补和替代两种关系分析中心性位置和结构洞位置的交互对投资绩效的影响。

其次,作为网络组织的一种形式,联合风险投资网络具有许多一般网络组织的特点。本书先以社会网络的相关理论为基础,并密切结合联合投资的相关理论,从信息传播与扩散、资源共享、学习、地位与信号发送五个方面界定网络资源获取行为的内涵和维度。在此基础上,研究不同网络位置的风险投资机构资源获取行为,探索中心性位置和结构洞位置对资源获取行为的影响,并进一步分析资源获取对投资绩效的影响,分析资源获取行为在网络位置—投资绩效关系中的中介作用。在此基础上,研究投资策略对资源获取行为影响投资绩效这一过程的调节作用。

最后,使用中国风险投资市场的数据来经验检验风险投资机构网络位置、资源获取、投资绩效、投资策略的关系。具体而言,本书分别对网络位置对投资绩效的影响、网络位置对资源获取的影响、资源获取对投资绩效的影响、资源获取的中介效应、投资策略的调节作用,使用中国风险资本市场的相关经验数据和相应的经验检验模型来检验,并对经验结果的理论含义和其他可能的解释进行讨论。

1.3 研究方法及研究框架

1.3.1 研究方法

本书通过收集风险投资事件的相关数据,运用文献分析法、社会网络分析方法、相关的统计研究方法,借助 Ucinet、SPSS 等软件,对研究问题进行了实证研究。具体研究方法如下:

(1) 文献分析法。本书总结了国内外有关网络位置、资源获取、投资策略、投资绩效等方面的研究文献,通过梳理网络位置与组织绩效、网络位置与资源获取、资源获取与组织绩效、投资策略与组织绩效的理论研究成果,提出研究问题和理论研究框架,并进行了深入的分析。

(2) 社会网络分析方法。本书的选题和研究内容决定了社会网络分析方法必然成为本书的主要研究方法。已有社会网络研究形成了两个不同的研究方向。一种以 Linton Freeman 为代表的研究群体,运用社会计量学的方法研究整体网络(即一个社会体系中角色关系的综合结构),分析人际互动和交换模式,发展出了网络紧密性、中心性等概念。另一种以 Granovetter、White、Nan Lin 和 Burt 等为代表，研究自我中心网，关注网络中个体间的关系模式，主要分析社会网络结构对于行为主体的影响。因此，社会网络分析方法对应即有整体网络（Whole Network）分析和自我中心网络（Ego Network）分析。收集整个网络中每一节点和每一联结的数据，这在很多情况下是极其困难的，但对应于联合风险投资网络，这一问题却很容易解决，因为投资机构间的网络联结关系（联合投资）是公开数据，能够观测到。无论是国外还是国内，都有大型数据服务商提供风险投资方面的数据服务，比如美国有著名的 VentureOne 和 Venture Economics，中国则有清科数据库和 CVSource。通过这些数据库，不仅可以明确投资机构间的网络联结关系，还可以收集到研究所需的其他类型的大样本数据。因此，本书采用国内外相关研究的通用做法——数据库收集，借助 Ucinet6 软件，通过收集整个网络中每一节点和每一联结的数据，运用整体网的方法进行研究。

（3）实证研究。运用 SPSS17.0 和 EViews6.0 软件包对获得的数据进行多元回归分析，分别检验假设中的直接效应、中介效应和带调节的中介效应。具体方法在第 4 章中有详细的介绍。

1.3.2 研究框架

根据研究问题和研究内容的需要，本书按如下框架组织全文。本书总共分为七章：

第 1 章是本书的总览性章节，阐述本书选题的现实背景和理论背景，在分析现实发展以及研究不足的基础上引出本书的研究主题，并简要介绍本书研究的主要内容和主要方法。

第 2 章是本书的基础性章节，梳理和总结本书研究所需的相关文献，具体从网络位置与组织绩效关系、网络位置与资源获取关系、资源获取与组织绩效关系、投资策略与组织绩效关系的相关研究四个方面展开，为后文的理论分析与实证研究设计奠定基础。

第 3 章是本书的核心章节，从理论层面分析联合风险投资网络、网络资源、资源获取行为、网络位置的概念，在此基础上，分别对网络位置对投资绩效的影响、网络位置对资源获取的影响、资源获取对投资绩效的影响、资源获取的中介效应、投资策略的调节效应进行深入分析，并提出可检验的研究假设。

第 4 章是本书的衔接章节，论述本书经验检验所使用的样本数据的来源和样本特征，被解释变量和解释变量的测度，控制变量的选取和测度，以及经验检验所选取的模型与模型选择的依据,为下一步的经验检验给予充分的铺垫。

第5章是本书的重要章节,使用第4章所提供的样本、变量和模型对研究假设进行统计检验,即检验网络位置对投资绩效的影响、网络位置对资源获取行为的影响、资源获取行为对投资绩效的影响,以及资源获取行为的中介效应、投资策略的调节效应。

第6章是本书的总结性章节,对本书的实证结果进行深入分析,对经验检验结果的理论含义进行讨论。

第7章研究结论,概括本书的主要研究结论和创新点,探讨研究结果的理论贡献与实践意义,指出本书的研究不足以及未来可拓展的研究方向。

全书框架结构安排由图1-5所示。

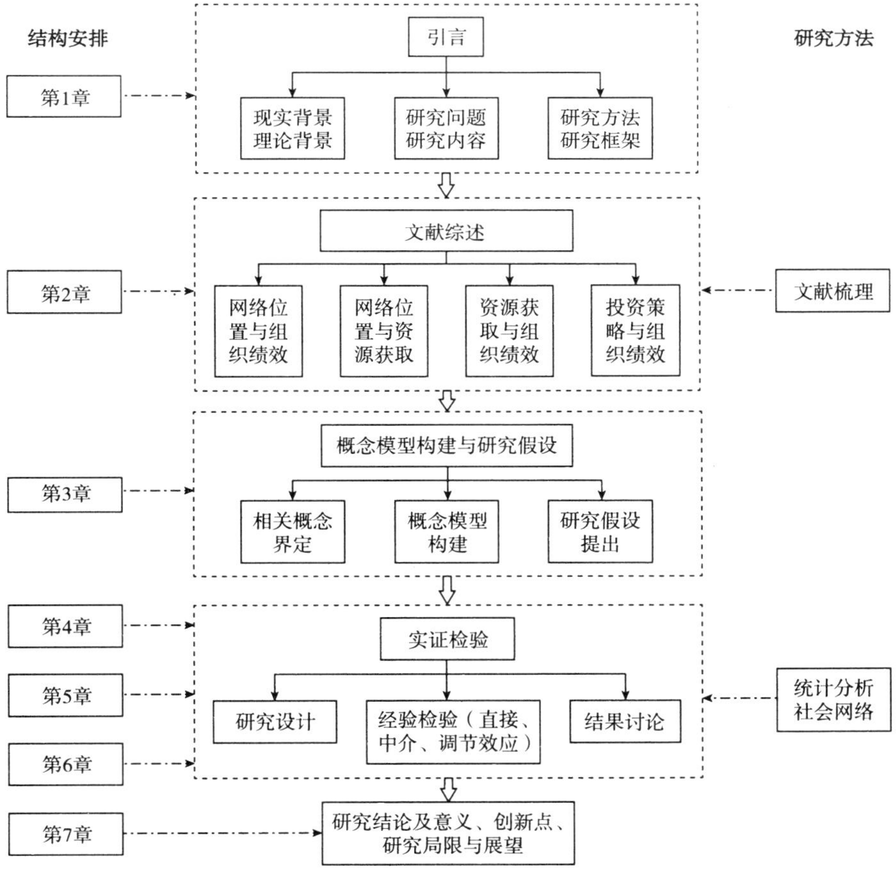

图1-5 结构框架

1.4 本章小结

本章从实践背景和理论背景两个方面论述本书的选题背景，并在探讨已有研究不足的基础上引出本书的研究主题。其后简要介绍了本书的主要研究内容、研究方法与框架结构设计。本章的主要作用在于总览本书的研究。

2 文献综述

本章论述与本书研究有直接相关的文献,具体分为六个部分展开。第一部分综述网络位置与组织绩效的相关研究;第二部分综述网络位置与资源获取的相关研究;第三部分综述资源获取与组织绩效的相关研究;第四部分综述投资策略与组织绩效的相关研究;第五部分进行文献述评;第六部分为本章小结。本章的主要作用在于为后面的理论分析和经验检验做准备工作。

2.1 网络位置与组织绩效的相关研究

2.1.1 网络位置的内涵与分类

网络组织的多样化发展引发了学者们对网络组织的内容、结构、效率及演化等一系列问题的探讨。更多的学者基于网络结构特征研究网络组织的效率,发现网络位置是重要的结构特征。

2.1.1.1 网络位置的内涵

网络位置的概念来源于社会网络分析的结构研究视角,认为网络行动者会从其所在的网络位置中获取最大收益。网络结构特征的一个重要变量就是网络位置,在较早期的研究中出现了对网络位置的认识。Thorelli(1986)认为,网络位置是网络中的行动者在整体网络体系中的相对位置,象征着个别成员对其所需资源获取的难易程度以及运用资源效率的高低。此外还指出,机构在网络中所充当的角色可以影响其位置。Knoke(1990)认为,网络位置是能够对其他成员的态度和行为产生预期影响的,是出现在有着丰富、有价值的信息资源和稀缺资源相互转换的网络中,网络位置赋予网络中成员不同的资源和想法。Johanson 和

Mattsson（1988）认为，网络中成员的位置与网络中其他角色间的关系有关，或者说网络位置就是用来描述在网络中彼此相关的个体是如何相互联系的。White（1992）指出，网络位置表明了节点企业在其网络中的身份和势力以及企业之间相对稳定的关系模式，用结构洞的数量来表示机构在网络中的影响程度以及在网络中与其他机构之间的距离。Ghauri 和 Holstius（1996）认为，网络中的位置可以被认为是网络中的角色和重要程度，及它在网络中与其他公司的关系情况。在给定的网络中，公司的网络位置是依赖于它和网络中其他成员间的关系及关系的远近程度。研究还指出位置的变化是动态的，是随着时间的推移而变化的。Tsai（2001）认为，网络位置指的是企业在合作网络中所处的地位，反映了企业能够从其合作伙伴那里获得收益的能力。Daci、Oliver 和 Roy（2007）指出，网络位置与企业之间的合作关系密切相关，边缘位置的企业与处在较中心位置的企业建立网络联结，可以使他们获益。Lutz 和 Ritter（2009）认为，网络位置可以视为是相关资源、投资活动、网络内的成员的集合。Hochberg、Ljungqvist 和 Lu（2007）认为，持有独特的资源可以代替之前企业缺乏的中心性，这些资源能使投资者吸引合作伙伴克服进入的壁垒，是传统风险投资无法使用的，可以迅速地获得中心位置。杨桂菊（2007）认为，网络位置体现了个体在网络中所建立的各种直接关系和间接关系的网络结构，表现了个体在网络中对信息的涉入程度。廖丽萍等（2012）认为，网络位置是一个集合体，是由那些处于关系网络中同等个体形成的，而角色是指两个行动者或两个位置（即行动者所形成的集合体）之间存在的关系模式。

因此，网络位置是针对单个节点的网络结构的测度，是网络中行动者在整体网络体系中相对稳定的关系模式，反映了行动者在网络中身份和地位，象征着行动者对其所需资源获取的难易程度以及运用资源效率的高低。

2.1.1.2 网络位置的类型及测度

由于网络位置的形成具有多种影响因素，因此网络位置具有差异，关于网络位置类型的认识主要有两种来源。

一种研究认为网络位置来源于联结的方式。Burt（2001）认为，网络位置形成于网络封闭（Network Closure），由于持续的、多重的社会关系而产生，这种关系的产生促进了信息的利用和成员间的信任。Podolny（2005）认为，提升这种网络位置意味着需要选择同质性的伙伴。这种联结方式产生了中心性位置，中心性是社会网络微观结构重要特性之一。Whittington、Rossi、Blake 和 Timmermann

(2018) 认为，网络中心度是用来衡量个体行动者在网络中所处位置的信息流动性的关键指标，占据网络中心位置的企业将明显占据信息优势（冗余促进了知识交换和流动）。李卫东（2009）研究表明，网络中心度可以更为直观地反映其在企业网络中的地位，中心度越高，就越有机会接触到更多的资源和信息。Abbasi、Altmann 和 Hossain（2011）认为，网络中个体与网络中其他成员的协调能力与网络中心性有关，协调能力越高，网络的中心性越高，反之也成立。Keil、Maula 和 Wilson（2010）使用 CVC 投资的美国公司 1996~2005 年的数据，研究指出，处于较中心位置的风险投资家们会作为邀请者邀请其他风险投资家进行联合投资，弥补资源匮乏的问题，同时快速获得风险投资辛迪加网络中心位置。Powell、White 和 Koput（2005）提出四种网络策略，以帮助投资机构获得网络中心位置，第一，网络扩张是一个过程，在这个过程中大多数的连接点获得不成比例的新关系，即累积优势（Accumulative Advantage）；第二，网络扩张遵循这样一个过程，选择的同伴是基于与之前同伴的相似程度的，即趋同性（Homophily）；第三，网络扩张是需要一样的行为的，他们选择的参与者匹配主要选择别人，或者共同应对常见的外源压力，即跟随潮流（Follow – the – trend）；第四，网络扩张反映了伙伴的选择，伙伴间的连接是通过多个独立的路径，达到增加可达性和多样性，即多样连通性（Multiconnectivity），这是可行的。Wasserman 和 Faust（1992）认为，网络位置是网络中每个行动者控制或参与网络中这些网络资源流动的程度。如果网络提供了信息和资源的交流渠道，那么中心企业可以利用这些渠道获得关键信息和资源，一方面可以在即使没有任何资产流的情况下加强对竞争企业战略和资源的了解，另一方面可以加强权力，即意味着网络中的其他行动者有很少的资源进行替代，意味着行动者控制或调节着其他行动者对资源的访问和获得。

另一种研究认为，网络位置的产生来源于信息的中介，主要来源于结构洞理论，产生了结构洞位置。Burt（2009）研究发现，结构洞的信息优势是网络中信息分布不均引起的。资源总是从网络稀疏地带向稠密地带流通，并不是网络内部个体或是稠密地带关系的简单重复或复制，社会网络不断地实现稀疏地带的联结以完成网络重构，促使行动者处于最具竞争优势和最易获取资源的结构洞位置。Burt（2002）认为，处于竞争优势的结构洞是一种社会资本，其具有两方面的优势：一是信息优势，占据结构洞的行动者能比别人更早、更多地获取有价值的信息和更及时地把握信息带来的机会，资源是增加的，而非重叠的；二是控制优势，结构洞能使其占据者居间协调时由于所处位置的特殊性而具有优势。Rodan

和 Galunic（2004）研究发现，社会网络个体倾向于调整其在社会网络位置，使得其在更多的"结构洞"中具有桥梁作用，从而获得更多的具有异质性特征的信息，增加结构洞意味着在不同地位的伙伴间建立联系。王知津和樊振佳（2007）认为，企业拥有的结构洞数越多，企业越易处在网络中的焦点位置，网络中其他企业之间的联系必须通过这个焦点位置的企业才能够达成，竞争者拥有的结构洞数量越多，其关系优势越明显。

因此，网络位置形成的两种来源产生了中心性位置和结构洞位置，两种网络位置都是重要的网络个体特征。大量网络位置的研究也主要从中心性和结构洞两种位置出发展开相关探讨。Ahuja（2000）研究了企业在合作创新网络中的网络位置对创新产出的影响，他分别使用程度中心性和有效规模来度量直接联结数量和结构洞数量。Tsai（2001）研究了企业内部网络中网络位置、吸收能力与创新绩效的关系，网络位置从中心性的角度来刻画，使用点入度中心性度量。Rossi、Blake 和 Timmermann（2018）综合研究了企业的地理邻近性、网络位置对创新绩效的影响。地理位置，他们从地理邻近性的角度刻画，使用地理位置中心性来度量。网络位置从网络中心性的角度来刻画，并使用 Bonacich 中心性指数来度量。Paruchuri（2010）研究了制药发明人在企业内部联合发明网络中的网络位置对创新活动的影响，以及制药企业间研发联盟网络中的网络位置对上述二者关系的调节作用。发明人在企业内部联合发明网络中的网络位置从中心性的角度来刻画，使用 Bonacich 中心性指数来度量。对于制药企业在企业间研发联盟网络中的网络位置，从中心性和结构洞两个视角来刻画，并分别使用 Bonacich 中心性指数以及有效规模来度量。Perry – Smith（2006）研究了实验室科研人员的关系强度、网络位置、外部联结对其创造力的影响。网络位置，他们从中心性的角度进行刻画，并使用接近中心性来度量。Zaheer 和 Bell（2005）研究了共同基金公司的网络位置、创新能力对公司绩效的影响。网络位置从结构洞的视角进行衡量，计算各共同基金公司的约束指数。Farina（2010）研究投资银行在联合承销网络中网络位置对投资绩效的影响。他从结构洞的视角进行刻画网络位置，使用中介中心性来度量。Lechner 和 Floyd（2010）研究战略实施部门的网络嵌入与战略实施绩效之间的关系。考察了关系嵌入、结构嵌入、认知嵌入三个维度对战略实施绩效的影响。关系嵌入由联结强度来刻画，结构嵌入由中心性和结构洞来刻画，认知嵌入由共享愿景来度量。中心性使用程度中心性来衡量，结构洞使用约束指数来衡量。最早对风险投资机构网络位置的测度及影响展开研究的是 Sorenson 和

Stuart（2001）、Podolny（2001）在社会学和管理学的顶尖期刊 American Journal of Sociology 上发表的两篇文章。Podolny（2001）研究风险投资机构的网络位置与投资阶段选择之间的关系。对于结构洞数量，他采用结构自主性来度量。对于网络中心性，他采用 Bonacich 中心性来度量。Stuart 和 Sorenson（2001）研究的网络位置用平均联系（Mean Affiliation）、联系距离（Affilate Distance）和 Bonacich 中心性测度。Hochberg、Ljungqvist 和 Lu（2007）从中心性和结构洞两个角度刻画网络位置，使用点出度中心性、点入度中心性、程度中心性和特征向量中心性四个指标来测度中心性位置。对于结构洞，他们使用中介中心性来度量。Abell 和 Nisar（2007）研究了风险投资机构网络位置对投资绩效的影响。网络位置同样采用点出度中心性、点入度中心性、程度中心性、特征向量中心性和中介中心性来测度。Guler 和 Guillén（2010）研究，风险投资机构的网络位置与跨国投资之间的关系。网络位置从中心性和结构洞两个角度来刻画。中心性使用特征向量中心性来度量，结构洞使用负的约束指数来度量。Tian（2012）研究了联合风险投资在创业企业价值创造中的角色，使用程度中心性来衡量风险投资机构的网络位置。

表 2-1 对已有网络位置研究的分类与测度进行了总结。

表 2-1　网络位置的分类及测度

主要文献	分类	测度
Ahuja（2000）	企业的直接联结数量 间接联结数量	程度中心性 有效规模
Tsai（2001）	中心性	点入度中心性
Whittington、Owen-Smith 和 Powell（2009）	中心性	Bonacich 中心性指数
Paruchuri（2010）	中心性 结构洞	Bonacich 中心性指数 有效规模
Perry-Smith（2006）	中心性	接近中心性
Zaheer 和 Bell（2005）	结构洞	约束指数
Farina（2010）	结构洞	中介中心性
Koka 和 Prescott（2008）	重要性位置 创业性位置	特征向量中心性、伙伴数量、联结数量 约束指数、国籍异质性指数、技术异质性指数
Lechner 和 Floyd（2010）	中心性 结构洞	程度中心性 约束指数

续表

主要文献	分类	测度
Podolny（2001）	中心性 结构洞	Bonacich 中心性 结构自主性
Stuart 和 Sorenson（2001）	网络位置	平均联系、联系距离和 Bonacich 中心性
Hochberg、Ljungqvist 和 Lu（2007）	中心性 结构洞	程度中心性、点出度中心性、点入度中心性和特征向量中心性 中介中心性
Abell 和 Nisar（2007）	中心性 结构洞	程度中心性、点出度中心性、点入度中心性和特征向量中心性 中介中心性
Guler 和 Guillén（2010）	中心性 结构洞	特征向量中心性 约束指数
党兴华等（2011）	中心性 结构洞	程度中心性、点出度中心性、点入度中心性和特征向量中心性 中介中心性

2.1.2 网络位置对组织绩效影响的相关研究

由于社会网络分析方法的普遍适用性，学者们对多种网络（包括创新网络、金融网络、联盟组合、联合风险投资网络等）中网络位置的影响进行了探索。

金融网络的相关研究中，Zaheer 和 Bell（2005）研究了共同基金公司网络中企业网络位置、创新能力对公司绩效的影响，研究发现，网络位置与创新能力的交互作用会对企业绩效产生影响。Farina（2010）研究了联合承销，网络中投资银行网络位置对投资绩效的影响。研究发现，投资银行的中介中心性对绩效有显著的正向影响；专业化水平负向调节中介中心性与绩效之间的关系，即专业化的投资银行从外部联系中获取的收益要低于多样化投资银行。Gulati 和 Higgins（2003）研究发现，高地位能促使企业获取外部的专业性或者管理经验的积累，高地位的风险投资机构与投资银行具有关联，有助于 IPO 退出或者提高绩效。

战略联盟的相关研究中，Koka 和 Prescott（2008）研究了企业在联盟中的网络位置与企业绩效之间的关系以及环境变化和企业发展战略在这一关系中的调节作用。他们从重要性（Prominence）和创业性（Entrepreneurship）两个视角刻画企业的网络位置：处于重要位置（Prominent Position）的企业从多个伙伴那里获取重要和关键的信息；处于创业位置（Entrepreneurial Position）的企业从不同的伙伴那里获取非冗余和多样化信息。两种位置都对联盟绩效产生影响。Dimov 和 Milanov（2009）研究发现，在联盟形成的情境中，高社会地位的组织享有很多特权，这些特权能够减少自中心不确定性从而增加联盟的机会。Podolny（1993）研究发现，高地位的企业具有较低的获取资源的交易成本和被看作更满意的交换的伙伴。

创新网络的相关研究中，Ahuja（2000）研究了企业在合作创新网络中的网络位置对创新产出的影响。企业的直接联结（Direct Ties）数量和间接联结（Indirect Ties）数量都会对创新产生正向影响，高地位组织可能具有附加的优势，具有获得优势信息的能力和与远距离潜在伙伴的社会联系，而企业占据结构洞的数量对创新产生既有正向影响，也有负向影响。Tsai（2001）研究了企业内部网络中企业部门的网络位置、吸收能力与创新和企业绩效的关系。研究发现，企业部门的网络位置对创新和企业绩效有显著的正向影响，网络位置与吸收能力的交互作用对创新和绩效有显著的正向影响，即吸收能力强的部门可以从内部网络中获取更多收益。Cassi 和 Plunket（2014）将网络位置分为闭包位置（Closure）和桥接位置（Bridging）两类位置。闭包位置增强了创新的过程、提升了绩效。桥接位置提供了一个与远距离具有多种资源的参与者联合的机会。但桥接位置与创新绩效的关系是模糊的。类似的研究表明结构洞位置对创新具有正向影响（Goerzen & Beamish，2005；Reagans & Zuckerman，2001），但有一些研究却发现，结构洞位置对创新具有负向影响（Darr & Kurtzberg，2000；Hansen，1999）。结构洞对创新的作用未取得一致的研究结论。

联合风险投资网络中，Sorenson 和 Stuart（2001）探讨了联合风险投资网络中网络位置与风险投资地理分布之间的关系。研究发现，联合风险投资网络中处于有利位置的投资机构可以突破空间与行业的限制，投资于远距离（空间距离与行业距离）的风险项目。Stuart 和 Sorenson（2008）研究发现，由于联合风险投资网络具有信息扩散和信息传播的功能，在网络中处于有利位置的投资机构可以掌握更多的有关潜在投资机会的信息，因而更有可能突破空间和行业所带来的限制，扩大了交易的空间范围和产业范围。Hochberg、Ljungqvist 和 Lu（2007）的研究对这一问题做出了开创性的贡献。他们首次使用标准的社会学网络位置衡量方法对基于辛迪加式联合风险投资网络与绩效之间的关系进行了检验。使用美国风险投资业 1980～2003 年的 1974 个美国风险投资家管理的 3469 只基金项目的样本数据研究了风险投资机构网络位置对投资绩效的影响,研究发现网络中心度越高的风险投资机构,其投资的创业企业具有更高的IPO和并购的退出率。Abell和Nisar(2007)以英国和欧洲大陆1995~2005年624家风险投资机构的数据为样本研究了风险投资机构网络位置对投资绩效的影响。研究发现,投资机构的程度中心性、点出度中心性、点入度中心性、特征向量中心性和中介中心性对投资绩效有显著的积极影响。Nahata(2008)以美国风险资本市场1991~2006年的数据为样本研究风险投资机构的声誉对投资绩效的影响时,发现投资机构的程度中心性对投资绩效有显著的正向影响。Guler和Guillén(2010)研究了国内联合风险投资网络与投资机构进入海外市场之间的关系。结果表明,由于联合风险投资网络所具有的信号发送功能,在国内联合风险投资网络中处于有利位置的投资机构更有可能进入海外市场。党兴华等(2011)研究发现,中国情境下,风险投资机构的网络位置会影响投资机构的投资绩效。中心性位置对投资绩效有正向影响,而结构洞位置对投资绩效没有显著影响。另外,Podolny(2005)研究发现,中心性高的投资机构往往意味着需要选择同质性的伙伴,获得资源和信息的冗余会减少获得优质项目的机会。Davis和Stout(1992)的研究发现,资源冗余与企业绩效负相关。Gulati(2007)研究发现,随着风险投资机构中心度高到一定程度时,其中心性的进一步加强会导致其拥有的资源和信息冗余、控制缺乏、信息超载等,使其筛选出优秀项目的可能性下降,而投资过多的风险项目会降低风险投资机构提供监督和增值服务的质量。

2.2 网络位置与资源获取的相关研究

2.2.1 网络与资源获取关系的相关研究

最新的社会网络研究引入资源观理论,更注重网络中行动者之间的资源交换,提出了网络资源的概念,关注网络对资源获取的影响。

网络资源的概念最初是Gulati(1999)提出的,他认为"网络资源不仅存在于公司内部,还存在于公司所处的公司间网络中",网络资源是嵌入联盟网络、塑造联盟形成决定的资源,是组织的伙伴所拥有或支配的资源,这些资源通过组织与其伙伴的联结可以获得,网络资源包括伙伴的智力资本、营销渠道、生产设施、员工和大量的其他资源。

Lavie（2006）扩展了资源观的理论，提出网络资源是相互连接的企业资源，基于资源的竞争优势决定于四种经济租金。内部租金和关系租金分别来源于企业自身拥有的资源和伙伴间共享的资源，溢入租金来源于对伙伴资源的利用，溢出租金指伙伴利用企业资源而带走的租金。

Jääskeläinen（2012）的研究认为，风险投资家能够投资到更多的、质量好的、分布在不同的行业、区域和发展阶段的风险企业，而不必是他们现有的、直接技能经验所局限的投资范围和规模，通过利用他们伙伴的相应资源和自己的资源，风险投资家能够增加投资范围和规模，从而提高项目投资的绩效。该研究将风险投资家通过联合获取的其他风险投资家的资源，比如联合伙伴的技能和项目流；通过联合关系产生的象征性联系的（有可能获取的）资源，比如风险投资家的地位定义为网络资源。

网络对资源获取的影响。在早期著名的弱联结优势理论中，Granovetter（1973）强调，拥有大量弱联结的人社会交往范围会很宽，因而可以收集到许多关于就业方面的信息，更容易找到工作。在联合风险投资网络的研究中，Bygrave（1987，1988）的研究指出，联合风险投资网络有助于风险投资机构增加投资机会，提高交易流质量，从而将关联的信号汇集在一起选出更好的投资方案。

Sorenson 和 Stuart（2001）研究表明，联合风险投资网络有助于将信息传播至不同的部门并扩大交易的空间范围，促进信息的扩散，跨越了地理和行业的限制，扩大了交易的半径。

Guler 和 Guillén（2010）、Podolny（2001）指出，联合风险投资网络不仅是信息和资源流通的渠道（Pipes），同时还具有信号发送的功能（Prisms）。

Sullivan 和 Ford（2014）认为，在创业企业的初期阶段，企业家网络是创业企业识别和获取资源的重要手段。基于网络理论和资源依赖理论，研究发现企业家会利用网络处理变化的资源需求，创建阶段企业家网络的结构特征与企业早期阶段的网络结构有关，这会促进新需求资源的获取。

Pillai（2006）认为，组织间的合作网络可以帮助创业企业实现资源共享，获取稀缺资源，获得新的出路，从而提高组织的竞争优势并最终改善组织的战略绩效。

Hochberg、Ljungqvist 和 Lu（2010）探讨了联合风险投资网络与市场进入壁垒之间的关系。他们把风险资本市场依据区域和行业两个维度划分为若干个子市场，研究各子市场内所有投资机构之间的联合投资状况对潜在市场进入者进入市场的影响。他们的研究表明,子市场内的联合风险投资网络的网络密度越大,潜在进入者进入该市场的可能性越小。

Cassi 和 Plunket（2014）认为,当参与者嵌入到紧密连接的网络中,合作和知识流动是相对容易的。因为:第一,个体属于相同的社区,社会邻近产生了共同的语言代码、行为路线和群体规范,从而促进了行为和合作。第二,网络促进了个体间的交流、隐性和复杂知识的交换。然而,嵌入非常紧密和强联结的网络可能会危害个体寻找新的知识以及其学习过程。

Deli 和 Santhanakrishnan（2010）在研究风险投资网络对机构投资绩效影响时,认为网络规模是主要影响因素。

Tortoriello、Reagans 和 McEvily（2012）通过实证研究发现,知识网络结构可以划分为知识相似程度、链接强度、社会凝聚性、网络规模,并从以上四个维度出发研究网络结构对知识网络中知识转移的影响。

Knoke（2009）认为,网络社群是全局网络中致密的、非重叠的结构子群。社群内部成员相互连接越稠密,越有利于组织绩效的提高。

Bubna、Das 和 prabhala（2013）用社群内成员同质性偏好测算社群同质性,用社群内成员投资阶段异质性测量社群竞争性。通过对风险投资网络社群结构研究,发现社群内成员的稳定性、同质性、竞争性,都有利于社群成员成功退出。

Phillips、Tracey 和 Karra（2013）通过研究发现,战略同质性有利于社群内成员形成亲密联结,进而增加风险投资成功概率。

2.2.2 网络位置对资源获取影响的相关研究

大量文献关注了网络位置对资源获取的影响。

Burt（1992）的结构洞理论认为,占据结构洞位置的行动者可以从自身没有联结关系的两个行动者中获取更多的非冗余信息。

Podolny（2001）研究风险投资机构的网络位置与投资阶段选择之间的关系。由于占据结构洞位置的投资机构可以通过联合风险投资网络获取到异质性的资源为风险项目提供增值服务,因而会选择不确定性程度高的风险项目作为投资对象,而处于网络中心位置的投资机构可以通过信号发送吸引到不确定性程度低的风险项目作为投资对象。

Schmidt 和 Keil（2013）研究了使得企业资源有价值的条件识别和机理。这些条件是:企业事前的市场位置;事前的资源基础;在组织间网络的位置;管理者先前的知识和经验。这些因素有助于解释为什么初始阶段企业对资源价值的贡献不同,后来企业的资源禀赋不同的原因。该文通过强调资源获取和积累对形成企业更高竞争位置的影响,进一步识别了企业市场位置、管理判断作为资源价值驱动的影响。

Lavie(2006)研究发现,企业从联盟关系中获得的收益有两种:"公共收益"和"私人收益",企业获得这些收益的份额,不仅取决于企业其他的活动和资源的"相关性"还取决于其在联盟网络中或关系的位置(比如中心性)。在联盟网络中拥有中心位置的公司在结构上是富裕的,能更好地在网络内通过联盟关系获取资源和信息,进而将会获得较高比例的源于联盟关系的租金,而且拥有获取信息的优势的公司更可能通过参与联盟网络获得较多的私人收益。这样,相比于没有拥有联盟网络的伙伴和在网络中没有占据中心位置的伙伴而言,此类公司通过参与联盟将能获得较大的收益。

李垣等(2008)认为,组织间关系受到所依赖资源类型的影响。社会网络的结构决定了网络成员通过网络获取信息和资源的行为,这种行为更多地依赖于社会网络中的信任机制,降低了创业者获取信息和资源的成本。

王宇露(2008)指出,网络位置是网络中每个行动者控制或参与网络中这些网络资源流动的程度。如果网络提供了信息和资源的交流渠道,那么中心企业可以利用这些渠道获得关键信息和资源,一方面可以在即使没有任何资产流的情况下加强对竞争企业战略和资源的了解,另一方面可以加强权力,意味着行动者控制或调节着其他行动者对资源的访问和获得。网络中占据中心位置的行动者被视为潜在的强大者,因为他们有更多的机会和可能获得或控制相关资源。

Dimov 和 Milanov(2010)认为,高地位能提供风险投资机构吸引联合伙伴的机会,高地位能促使企业获取外部的专业性或者管理经验的积累。

Ahuja、Soda 和 Zaheer(2012)指出网络位置决定了组织所能拥有资源的数量与质量,网络位置的影响体现在获取资源、知识互惠、信息扩散和传播与信号发送等方面。网络中心者是各种资源聚集的中心,与其他组织的联结关系多、地位高、影响力大。

Lin(1990,1999)认为,在个人社会网络中,财富、权力和声望等社会资源并不能为个人直接拥有,必须通过直接或间接的社会关系来获取,获取资源的行为本身又进一步加深了社会资源在社会网络中的嵌入程度。

2.3 资源获取与组织绩效的相关研究

2.3.1 资源与组织绩效关系的相关研究

网络资源的研究源于两篇较早文献。研究指出，网络资源存在于公司所处的公司间网络中，通过组织与其伙伴的联结可以获得信息、渠道、资本、服务以及其他可以保持或提升竞争优势的资源（Gulati，1999）。网络资源是相互连接的企业资源，产生竞争优势的资源包括企业自身拥有的资源、伙伴间共享的资源和伙伴资源（Lavie，2006）。由于风险投资机构的实力千差万别，其联合的需求颇具复杂性，基于风险投资机构的联合动机，风险投资机构需求的资源可以归纳为以下几类，并对投资绩效产生影响。

2.3.1.1 资金资源

风险投资项目从刚开始的萌芽、开发、中试到投放市场，通常建立在巨额的投资资金基础上，而一家风险投资公司的筹资能力是有限的，通常难以独自满足项目资金上的需求。通过联合投资，风险投资项目则可以成行。De Clerq 和 Dimov（2004）研究指出，晚期阶段创业企业高的资金需要是相对于早期阶段的较高程度的联合投资的潜在动因。

Gerasymenko 和 Gottschalg（2008）研究指出，风险投资公司的资金实力越差，就越有可能联合投资。也就是说，出于分散风险的考虑，风险投资机构在共享收益的同时，会根据各自的特点选择不同的风险资金份额、不同的进入时期进行合作。

2.3.1.2 项目流

有潜力且广泛而稳定的项目源，是投资机构应对激烈竞争和保证管理资金增值的重要来源。投资机会的识别需要有足够多和高质量的项目流。

Brettel、Jaugey 和 Rost（2000）研究指出项目流的来源可能有正式来源、非正式来源和组织来源。正式来源可能包括风险投资机构、律师事务所、顾问等，非正式来源可能包括个人关系、商业伙伴、创业企业等，组织来源可能包括配套的服务、中介和新闻渠道等。

Hochberg、Ljungqvist 和 Lu（2007）研究发现，从其他风险投资机构获得项目流、通过联合投资产生项目流的互惠是获取项目流的重要来源,联合网络是产生项目流的关键。

Keil、Maula 和 Wilson(2010)研究指出,虽然规避金融风险非常重要,但获得项目流对于年轻的风险投资机构和专业的投资机构是非常重要的,获取有发展潜力的投资机会是联合投资的关键动力。

各个产业和区域的投资信息会在关系网络汇集,网络中的风险投资公司会得到更多的投资交易机会。联合风险投资网络可以实现以下几种类型的信息在投资机构间扩散与传播:一是关于投资机会方面的信息;二是关于风险项目和创业企业家方面的信息;三是关于其他投资机构对风险项目看法方面的信息;四是关于投资技巧方面的信息。这些信息既包括显性的、可编码的信息,如尽职调查程序、契约设计、项目评估模型与方法,也包括隐性的、不可编码的信息,如对投资机会的识别、与创业企业家的合作等(Sorenson & Stuart, 2001; Tykvová & Schertler, 2011; Meuleman & Wright, 2011)。

2.3.1.3 投资经验

风险投资机构的投资经验是影响投资绩效的一个重要因素。Kaplan 和 Schoar (2005)使用美国 1980~2001 年的数据研究发现,风险投资机构的投资收益具有持续性,他认为这种持续性可能与风险投资机构的投资经验和投资技巧有关。

Sorensen(2007)使用美国 1975~1995 年的数据研究表明,风险投资机构的投资经验越丰富,投资绩效越高。

还有许多研究使用不同的数据得出了类似的结论(Hochberg, Ljungqvist & Lu, 2007; Nahata, 2008; Gompers, Kovner & Lerner, 2009; Gompers, Kovner & Lerner, 2010)。但度量投资经验的方法却不尽相同,把投资经验分为行业投资经验、阶段投资经验、区域投资经验等,使用投资机构的年龄、累计投资金额、累计投资轮次和累计投资企业数四种指标进行测度。Sorensen(2007)对这四个指标进行了比较,认为度量投资经验的最佳指标是累计投资轮次,使用投资机构的年龄来度量投资经验不能把活跃投资者与非活跃投资者区分开,使用累计投资金额和累计投资企业数度量投资经验不能把投资阶段的不同区分开。

风险投资机构声誉也是影响投资绩效的重要因素。Barney 和 Hansen(1994)研究发现,企业声誉反映出一个企业在管理、技术水平和资金等方面的状况,良好的声誉可以使企业建立持续的竞争优势。风险投资的相关研究中,Nahata (2008)以美国 1991~2006 年的数据为样本,使用 Heckman(1979)两步法剔除了可能存在的高声誉风险投资机构与高质量投资项目匹配导致的抽样偏误问题，研究表明，风险投资机构声誉越高，投资绩效越高。

Fujita（2002）发现，声誉卓著的风险投资机构既可以为风险企业提供更好的增值服务，同时可以为风险企业上市提供认证功能。

Bottazzi、Rin 和 Hellmann（2008）发现，声誉对筹集新资本的能力起到正面的影响作用，声誉高的风险投资机构更可能有效筹集资金，并且获得后继更多的资金。

Kaplan 和 Schoar（2005）发现，声誉高的风险投资企业更可能与具有同样声誉的企业进行联合，通过联合促进风险的分散化，从而形成对获得未来的项目流起关键作用的关系。

Lerner（1994）发现，声誉高的风险投资家更可能获得董事会的位置，有助于防范道德风险，提高增值服务的质量。

Cumming（2010）发现，高声誉还成为年轻风险投资家进入市场的障碍。Sirmon（2011）发现声誉高的风险投资机构更可能引导它们所投资的创业企业成功退出，实现更高的成功退出率。

联合投资合作过程其实是各合作方根据分工的不同、自身实力的差异而进行更有针对性的经验和能力再次复制。相关研究指出，除了获取金融资源、项目流的互惠以外，声誉作为隐性资源对联盟形成的选择具有重要意义（Gu & Lu，2014），联合投资有助于获得声誉资本（Kaiser & Lauterbach，2007）。

本书对已有风险投资机构发展的关键资源类型的相关研究进行了总结，如表2-2所示。

表2-2 风险投资机构发展的关键资源

主要文献	资源类型
Gerasymenko 和 Gottschalg（2008），De Clerq 和 Dimov（2004），Wright 和 Lockett（2003）	财务资源
Bygrave（1987），Guler 和 Guillén（2010），Cumming（2006），Sorenson 和 Stuart（2001），Lockett 和 Wright（2001）	信息资源
Kaplan 和 Schoar（2005），Sorensen（2007），Keil、Maula 和 Wilson（2010），Meuleman 等（2009），Casamattaet（2007），Dimov 等（2009），Lerner（1994），De Clercq（2008），Casamatta（2007）	投资经验

续表

主要文献	资源类型
Bachmann 和 Schindele（2005），Tyková 和 Schertler（2011），Barney 和 Hansen（1994），Nahata（2008），Fujita（2002），Bottazzi、Rin 和 Hellmann（2008），Kaplan 和 Schoar（2005），Lerner（1994），Cumming（2010），Sirmon（2011）	声誉
Brettel、Jaugey 和 Rost（2000），Hochberg、Ljungqvist 和 Lu（2007），Keil、Maula 和 Wilson（2010），Bygrave（1987），Sorenson 和 Stuart（2001），Meuleman 和 Wright（2011）	项目流
Jääskeläinen（2009），Verwaal、Bruining 和 Wright（2010）	专业技能、信息、项目流以及伙伴的财务资源

2.3.2 资源获取对组织绩效影响的相关研究

部分文献关注到资源获取是联盟形成的原因。

Gulati（1999）指出，企业所在的网络使其获得了关键的资源，这些资源可以保持或提升竞争优势，如信息、渠道、资本、服务以及其他的资源，网络资源的广度和深度会影响企业是否能够进入新的联盟。

Batjargal 和 Liu（2004）研究发现，伙伴间的资源互补性与关系水平是驱动企业联盟形成的重要因素，能够提升企业的竞争优势。

Dimov 和 Milanov（2010）研究发现，在联盟形成的情境中，高社会地位的组织享有很多特权，这些特权能够减少自中心不确定性从而增加联盟的机会。

Podolny（1993，2001）研究发现，高地位的企业具有较低的获取资源的交易成本和被看作更满意的交换的伙伴，能提供风险投资机构吸引联合伙伴的机会。对于新项目，高地位组织由于其获得优势信息的能力和与远距离潜在伙伴的社会联系，可能具有附加的优势。

Verwaal、Bruining 和 Wright（2010）认为，联合形成取决于四类关键因素：获取金融资源、管理资源和项目流的互惠以及适应合作的能力。前两个强调资源的获取，后两个强调资源的利用能力。该文基于资源观和交易成本理论，提出了一个理论框架用于解释不同规模企业面对不同资源获取需求和资源获取能力时对联合投资的治理的影响，并且通过对欧洲 6 个国家数据实证证明了资源获取需求与能力对企业规模对治理影响的调节作用。

Gu 和 Lu（2014）认为，联合投资是一种典型的联盟形成的形式，以中国风险投资机构为样本，把声誉看作组织的一种隐性资源，分析声誉对联盟机会的影响，得出声誉正向影响了联盟形成的机会。

大量文献研究表明资源获取对组织绩效有重要影响。

Ndofor、Sirmon 和 He（2011）基于资源观和动态竞争的理论研究了资源或行为对绩效的影响。研究发现资源影响了企业竞争行为，而这些行为又会影响企业的资源，进而导致高绩效的产生，并通过对试管外医学诊断材料生产行业企业的技术资源和竞争行为的实证，证明了竞争行为与资源间交互影响及其促进绩效的机理。

Sirmon、Hitt 和 Ireland（2011）基于资源管理和资产整合理论，从三个方面拓展了资源观理论，研究发现，资源在横跨组织范围的宽度、资源在公司成长的不同阶段的整合以及资源在公司不同层面的整合都会影响竞争优势的获取，进而影响组织绩效。Matusik 和 Fitza（2012）研究了风险投资情境中不确定情况下知识资源的多样化如何影响绩效。基于知识和组织学习的理论，作者发现企业会从低水平的多样化中获益，由于其处理信息的效率高，也会从高水平的多样化中获益，因此能获得更广泛的信息从而解决复杂问题。研究发现，多样化与绩效之间存在 U 形关系，尤其当不确定性（如早期阶段和单独投资时）高时，其关系更显著。

Muthusamy 和 White（2005）的研究则强调联盟伙伴之间的互惠承诺、信任等因素对伙伴间学习和知识转移的影响。在网络获取知识基础上，组织结合自身原有的知识存量，能够创造出新的知识，强调资源获取和资源共享对组织获取竞争优势具有重要作用。

Ulrich 和 Pierre（2012）研究了联盟组合如何影响新联盟的形成，从联盟组合中网络资源的存量和流量对联盟形成影响入手，发现企业的收益来自于自身资源和网络资源的整合。Wassmer 和 Dussauge（2011）从相互依赖的网络资源的收益和成本角度研究发现，基于联盟组合的价值创造是网络资源整合的过程。

Wassmer 和 Dussauge（2012）研究联盟组合对企业市场绩效的影响。基于 367 家软件企业和其 20779 家联盟的数据，研究表明，网络资源对价值创造会由于这些资源的补足性而不同，并且，联盟组合中伙伴的相关的讨价还价能力限制了企业的能力，尤其是当这些伙伴都在本地行业中。反过来，企业的市场绩效由于市场竞争的增加而提高。

De Prijcker、Manigart 和 Wright（2012）研究了来自于先前活动的经验知识和来自于国外网络伙伴的外部知识及国际经历的继承知识对风险投资机构国际化的影响。作者研究了三种经验如何帮助企业处理跨边界活动中信息不对称问题。基于110家欧洲风险投资机构数据，研究发现，经验知识和继承知识对国际化都有正向影响。外部知识对国际化的作用有限，风险投资机构加强国际联系反而会减少国际化活动。

Hochberg、Ljungqvist和Lu（2007）分析了具有网络特征的风险投资家与创业企业绩效之间的联系。作者通过测度投资成功退出的比率，发现具有更良好的网络资源的风险投资家获得了明显的好的基金绩效。被更良好的网络资源的风险投资家所支持的创业企业更有可能存续到后继金融支持的轮次以及最终退出。

De Clercq和Dimov（2008）利用美国200个风险投资机构的投资、联合投资和绩效方面的纵向数据，考察了风险投资情境下，内部知识开发和外部知识获得这两种知识驱动战略对投资绩效的影响。研究发现，投资到该机构熟悉的行业以及和更多著名的外部伙伴一起投资时，可以提高投资绩效。

此外，风险投资机构在网络中的网络能力体现在知识驱动能力，即通过网络学习，开发内部知识和通过组织间网络连接，获取外部知识的能力，这两种知识驱动战略最终对投资绩效产生影响。

Jääskeläinen（2009）的研究认为，风险投资机构网络资源利用能力能够通过接近专业技能、信息、项目流以及他们伙伴的财务资源来利用资源。该研究将风险投资家通过联合获取的这些资源定义为网络资源。重点关注两类网络资源：通过联合获取的其他风险投资家的资源，比如联合伙伴的技能和项目流；以及通过联合关系产生的象征性联系的（有可能获取的）资源，比如风险投资家的地位。这样，通过利用网络资源，风险投资家能够投资到更多的、质量好的，分布在不同的行业、区域和发展阶段的风险企业，而不必是他们现有的、直接的技能所局限的投资范围。也就是说，通过利用他们自己的资源以及他们伙伴的相应资源，风险投资家能够增加投资范围和规模，从而提高项目投资的绩效。

2.4 投资策略与组织绩效的相关研究

风险投资策略对投资绩效产生了重要且复杂的影响。Gupta和Sapienza

（1992）首次确立了风险投资策略的基本构成，提出风险投资策略用于管理和平衡投资风险及收益，主要包括：投资行业、企业发展阶段以及投资地域的选择。随后大多数学者指出，投资机构策略主要涉及投资地域、行业和阶段策略中的部分甚至全部（Norton & Tenenbaym, 1993；Mayer, Schoors & Yafeh, 2005；Dimov, Shepherd & Sutcliffe, 2007）。后来逐渐出现了关于联合投资和分阶段投资的研究，研究发现，联合投资（De Clercq & Dimov, 2004；Cumming & Dai, 2010）和分阶段投资（Gompers, 1995；Tian, 2010）能够有效降低不确定性、分散和控制风险。本书主要从行业多样化、分阶段投资、本地偏好三方面综述投资策略对投资过程、投资绩效的影响。

2.4.1 行业多样化与组织绩效的相关研究

资源基础观认为，企业的竞争优势源于企业所拥有的资源，多元化或专业化投资策略的选择伴随着成本与收益的权衡。行业多样化主要指风险投资机构在多个领域的投资积累及专业知识和经验，专业化则是在较少的领域的持续积累。

2.4.1.1 多样化有助于资源获取，从而提高绩效

Beckman 和 Haunschild（2002）发现，知识的多样性有助于促进企业进行学习，增加学习的深度、广度及速度，从而有利于提升企业绩效。

De Clercq（2004）实证研究发现，行业或投资阶段的多样化使得投资机构的知识多元化，为寻找问题解决方法提供了更大的选择空间，有助于获取最优解决方案，对投资绩效（成功退出率）有显著的正向影响。

Jääskeläinen（2012）研究发现，风险投资中第一轮联合伙伴的数量会正向影响创业企业的成功。联合伙伴来自不同区域的投资绩效比来自同一区域的高。多元化的投资经验使得投资机构具有更大的弹性和适应能力应对更大的不确定性。

Jenner（2013）从行业和地域两方面考察多元化投资对基金投资收益的影响。研究表明，PE 多元化投资策略通过降低风险以及知识共享来增加投资收益，但如果多元化投资导致风险投资家在各行业的分配过于单薄或多元化投资是由风险投资家的风险偏好而不是绩效所驱使的，则会对投资收益产生不利影响。李严等（2012）对中国 84 家风险投资机构进行实证研究发现，投资行业的选择过于集中则会产生负效应，专业化投资策略负向影响了投资绩效。

2.4.1.2 专业化有助于提高绩效

Norton 和 Tenenbaum（1993）的研究是最早关注风险投资机构投资战略的论

文之一,他们使用98家风险投资机构的数据,研究表明风险投资机构更倾向于通过专业化投资来控制投资过程中的风险。

Heeley 和 Matusik(2006)研究发现,专业化的知识储备有利于最小化协调成本及在特定领域内更有效的信息处理,让风险投资机构积累了专业的投资经验,有助于减少风险投资家与企业家之间的协调成本,便于风险资本家的经验和知识向被投资企业转移。

Dimov 和 De Clercq(2006)发现,风险投资机构的阶段专业化投资降低了其投资组合公司失败的比例,但未发现风险投资机构的行业专业化投资与投资组合公司失败率之间直接的相关关系。

Knil(2009)探讨了多元化投资策略对风险投资机构管理资金额增长率以及初创企业成功退出可能性的影响,研究发现,多元化投资策略降低了初创企业成功退出的可能性。

Gompers、Kovner 和 Lerner(2009)以美国1975~2003年的数据为样本,研究表明,无论风险投资机构的投资策略是专业化投资还是多样化投资,相对于由从事多样化投资的风险资本家组成的投资机构而言,由从事专业化投资的风险资本家组成的投资机构更易成功。研究发现,无论是投资机构层面的专业化还是多样化并不是影响投资成功的关键因素,重要的是风险资本家层面的专业化。

Zarutskie(2010)从人力资本的角度,以美国1980~1998年318家首次筹资的风险投资机构的数据为样本研究风险投资机构管理团队的人力资本对投资成功的影响。研究表明,风险投资机构管理团队的任务特定(Task – specific)与行业特定(Industry – specific)的人力资本要比一般意义上的人力资本更加重要。管理团队任务特定的人力资本越多,投资成功的可能性越大;管理团队行业特定的人力资本越多,投资成功的可能性越大;而一般意义上的人力资本对成功退出没有显著的积极影响,或者还有负面影响。

2.4.1.3 多样化与绩效之间存在 U 形关系

Knill(2009)使用美国1998~2006年的数据研究表明,多样化投资和专业化投资各有利弊。多样化投资有利于风险投资机构的增长,但阻碍了风险企业的成功退出,延缓了风险企业的退出期限;专业化投资虽然可以推动风险企业成功退出,缩短退出期限,却阻碍了风险投资机构自身的增长。

Matusik 和 Fitza(2012)基于知识和组织学习理论,实证研究了行业多样化投资策略对投资绩效(IPO退出成功率)的影响。研究发现,行业多样化水平很高或很低时有助于提升投资绩效，行业多样化投资策略与投资绩效之间存在 U 形关系。企业会从低水平的多样化中获益，由于其处理信息的效率高，也会从高水平的多样化中获益，因此能获得更广泛的信息从而解决复杂问题。

2.4.2 分阶段投资与组织绩效的相关研究

分阶段投资因具有缓解代理风险的作用而引起学者们的广泛注意。分阶段投资对投资过程及投资绩效都具有重要的影响。

2.4.2.1 分阶段投资对投资过程的影响

Cumming 和 MacIntosh（2001）研究表明，分阶段投资可以减少信息不对称的程度，有助于对风险企业家形成有效的约束，减少由于决策不当所造成的潜在损失。分阶段投资减少了由于无效的维系所带来的损失并且为风险投资家创造了一个退出的选择。项目的风险越高，对风险投资家而言，这种退出的选择价值越大。

Bienz 和 Hirsch（2012）的研究表明，不确定性程度越高、信息非对称越严重、监督难度越大、创业者的人力资本越关键以及企业的有形资产越少，风险投资采取阶段融资的可能性越大。

Kaplan 和 Strömberg（2003）研究表明，分阶段投资有助于风险资本家收集项目发展潜力信息，监控企业进程并动态配置各项权利，避免将资金投向质量不高的项目。

安文（2008）通过对分阶段投资与一次性投资的比较分析，发现分阶段投资既能降低风险投资家的投资风险，又能减轻道德风险，同时还能激励企业家更加努力地工作。

2.4.2.2 分阶段投资对投资绩效的影响

Tian（2010）实证研究发现，分阶段融资策略对受资企业上市具有促进作用，对投资绩效（成功退出率）有显著的正向影响。

Dimov 和 De Clercq（2006）的研究发现，风险投资机构的投资阶段的集中程度与投资失败率负相关。

Matusik 和 Fitza（2012）研究认为，分阶段投资对风险投资机构多样化和绩效之间的 U 形关系起调节作用。

李严等（2012）对中国 84 家风险投资机构进行实证研究发现，分阶段投资和联合投资与投资成功率呈负相关关系，分阶段投资策略负向影响了投资绩效。

2.4.3 本地偏好与组织绩效的相关研究

一国国内乃至全球范围的风险投资都集聚在少数地区。风险投资的供给和投资存在高度空间聚集（Sorensen & Stuart, 2001; Powell et al., 2002; Martin, Berndt & Klagge, 2005）。中国风险投资在地理空间上也显现了这种集聚性特征，表现出明显的区域不均衡性。产生集聚的原因，主要表现在以下几方面：

Agarwal、Audretsch 和 Sarkar（2007），Audretsch 和 Dohse（2007）认为，创业企业的集聚增加了风险投资机构在集群中投资的收益性，因而风险投资机构产生集聚。

Fritsch 和 Schilder（2006）认为，风险企业和投资者之间信息不对称是导致集聚的根本原因。

Sorensen 和 Stuart（2001）研究发现，由于地理邻近性使风险投资机构在发现、筛选和监管项目时具有优势，风险投资公司由于自身利益的需要，倾向于将自己的投资活动限制在一个有限的地理范围，进行近距离的本地化投资。

Wright、Pruthi 和 Lockett（2005），Cumming 和 Johan（2006）研究发现，风险投资机构与被投企业间的地理邻近促使投资机会在发现和筛选项目时的成本较低。

Bengtsson 和 Ravid（2009）研究发现，较近企业的管理和监控相比较远企业的管理和监控会更容易。

由于网络经济的到来，联合投资的广泛运用、信息通信技术日益普及、风险投资市场竞争不断变化，很多风险投资机构也会选择远距离的投资（如跨国投资）（Guler & Guillén, 2010; Mason & Harrison, 2002）。

Sorensen 和 Stuart（2001）研究发现，机会评价的难度和监控的重要性使得成熟企业相比早期阶段的企业获得具有更远地理或行业距离的投资机会更多。Lichtenstein（2006）研究发现，较长存活期的风险投资机构可能扩展投资家在远距离投资的能力，风险投资家的经验减少了远距离监控的成本，他们会较少依靠过多的信息来源来评估备选投资方案的质量。

Chen、Gompers 和 Kovner（2010）认为，风险投资在某一地区的投资成功率是风险投资公司决定在此地区设立新分公司的重要决定因素，当风险投资在某一地区的投资数量增加时，风险投资公司会在投资收益高聚集的地区投资，通过高收益补偿监控远距离投资而增加的时间和成本。距离导致的信息不对称会由于风险投资公司的声誉而减轻。

微观方面,风险投资机构既进行本地化投资,也会选择远距离的投资,表现出不同的投资偏好。一些学者开始关注风险投资机构与投资组合之间空间分配的方式,采用本地偏好对投资的地理选择进行测度,研究发现,风险投资机构本地偏好在不同市场环境中的表现不同。

Cumming 和 Dai(2010)研究发现,美国风险投资机构的本地偏好较强,对风险投资绩效产生正向影响。Christensen(2007)研究发现,丹麦风险投资机构本地偏好随时间呈现倒 U 形曲线,风险投资行业发展早期阶段本地偏好越来越强,随着市场的逐渐成熟,本地偏好越来越弱。

Fritsch 和 Schilder(2008)研究发现,德国风险投资机构本地偏好对风险投资影响不显著。

王曦和党兴华(2014)研究发现,中国风险投资机构本地偏好值较高,对风险投资绩效产生正向影响。

2.5 文献述评

综上所述,针对本书的相关研究问题,国内外学者已经从不同视角,运用多种理论和方法进行了大量研究,为本书的研究思路和研究方法奠定了坚实的基础。风险投资绩效越来越受到学者的关注和重视,关于投资绩效的成果日渐丰硕。随着网络组织的研究成为理论界和企业界关注的热点,网络位置作为网络结构变量,成为重要的投资绩效影响因素。但现有联合风险投资网络的相关研究,大多数研究只关注了风险投资机构网络位置对投资绩效的直接影响,没有进一步探究网络位置在什么情况下、以什么方式起作用,也没有进一步探究网络位置对风险投资机构绩效的作用机理,尚存在一些不足。

第一,风险投资机构中心性和结构洞两类网络位置对投资绩效的影响考虑不足。通过回顾网络位置形成及分类的相关文献,可以看出,尽管已有研究测度网络位置的思路与方法不尽相同,主要从中心性和结构洞两个方面来刻画网络位置,总体认为,有利的网络位置有助于提高投资绩效。但是,从网络位置影响的相关研究发现,已有研究关注到网络位置对投资绩效的直接影响,但针对不同网络以及不同网络位置的研究结论不同，两类网络位置（中心性位置和结构洞位置）的形成及表现存在差异。因此，为了促进投资绩效的提升，风险投资机构在联合风险投资网络中的网络位置对投资绩效的影响究竟如何？是应该追求一种网络位置还是可以同时追求两种网络位置？本书需要进一步分析两类位置对投资绩效的直接影响，并在此基础上，考虑两类位置的交互对投资绩效的影响。

第二，风险投资机构网络位置对投资绩效影响的作用路径尚不明确。现实中即使在所嵌入网络结构相似的个体之间，仍会因某种原因导致投资绩效存在差异。从网络位置相关文献的回顾可以看出，大多数研究只关注了风险投资机构网络位置对投资绩效的直接影响，没有进一步探究网络位置在什么情况下、以什么方式起作用，对网络位置促进风险投资机构绩效的作用机理研究不足。已有网络位置的研究只关注静态的网络结构，忽视了具有能动性的行动者。通过网络位置的影响及网络与资源获取关系的相关研究发现，风险投资机构嵌入联合风险投资网络的网络行为具有显著的"资源导向"，风险投资机构除了受到外在网络结构带来的限制和机会，还会与其他投资机构形成相互依赖的互动。我们还发现，两类位置的形成及影响不同，因而与其他投资机构互动的作用过程和机理亦有区别。因此，不同网络位置的风险投资机构可能具有不同基于资源的网络行为，每个成员网络位置不同、信息获取与处理的能力和方式不同会导致投资绩效的差异。位置、行为和绩效之间存在相关性，风险投资机构网络位置—资源获取—投资绩效的影响路径有待进一步探究。

第三，对权变因素的调节作用效果缺乏深入的认识和理解。网络位置作为网络结构变量，是风险投资机构嵌入联合网络获取外部资源提升投资绩效的重要变量。风险投资机构能够有效发挥网络位置的优势，利用与联合伙伴的关系，有效地获取到网络资源。已有资源获取的相关研究表明，网络资源的获取是前提和基础，但忽略了网络资源有效整合利用的作用。仅仅从网络结构属性、关系属性解释组织如何获取网络资源并影响投资绩效是不全面的，还需要考虑资源获取到投资绩效的权变因素。投资策略作为重要的网络组织的成员属性，既影响了投资绩效，又作用于投资过程，不同的投资策略可能会导致对外部获取利用资源内容的差异。资源获取作为网络位置影响投资绩效的中介路径，与行业、阶段和地域三个层面的投资策略必然存在一个较好的相互匹配模式。因此，需要在权变的视角下，综合考虑网络资源获取、利用对投资绩效影响的综合效果，有必要更加深入地了解投资策略的作用机理，结合风险投资机构的投资策略来讨论影响资源获取作用效果的因素，系统全面地探索三种投资策略的作用效果。

第四，在中国情境下针对风险投资的实证检验有待展开。从网络位置、资源获取的相关研究看，国内外学者对创新网络、战略联盟、创业企业网络、金融网络、联合风险投资网络展开了研究，但由于网络组织的功能及影响具有权变特征（Ahuja，2000），因而其他网络组织的研究结论并不一定适用于联合风险投资网络。另外，已有风险投资网络的研究大多是国外情境的实证研究，存在经济、文化、法律等多方面的差异，北美的研究结论并非必然可以"复制"到其他地区（Kaplan，Martel & Stromberg，2003；Manigart et al.，2002），美国或其他地区的经验也未必必然适用于中国（Pukthuanthong & Walker，2007；Ahlstrom，Bruton & Yeh，2007）。因此，已有美国和欧洲的研究成果并不一定适用于中国，因此针对中国风险投资实践中联合风险投资网络展开研究。随着我国风险投资行业以及金融市场的发展，我们可以获得越来越多的样本和数据，从而为进一步展开对中国联合风险投资网络的实证研究打下良好的基础。

2.6 本章小结

本章从网络位置与组织绩效、网络位置与资源获取、资源获取与组织绩效、投资策略与组织绩效四个方面总结和梳理了与本书研究问题直接相关的文献。本章的主要作用在于通过回顾相关文献来说明本书选题的依据以及本书在相关文献中所处的位置，通过总结已有研究的启示和不足，为下一步的理论分析和经验检验进行准备工作。

3 概念模型构建与研究假设

第 2 章对所研究问题的研究现状和理论基础进行了综述。本章对相关概念进行了分析与界定，并根据联合风险投资网络中风险投资机构投资绩效的产生机理，构建相应的概念模型，依据相关理论分析模型中具体的变量之间的内在联系，并提出假设，为后续的实证研究提供理论支持。

3.1 相关概念界定

3.1.1 联合风险投资网络

风险投资网络到目前为止还没有明确的定义，本书需要研究处于联合风险投资网络中的投资机构网络位置，因此首先需要对联合风险投资网络的内涵进行界定。

目前，社会学、经济学、管理学由于研究视角不同，对网络有着不同的定义，但所有研究都强调了网络构成的要素，认为网络应该包括行动者、资源和活动三种彼此依存的网络元素（Hakansson，1987）。网络可以定义为各种行为主体在交换和传递资源的活动中发生联结而建立的各种关系总和。因此，要确定网络的概念，重要的问题是确定行动者及行动者间的关系，以及资源和活动。如图 3 – 1 所示。

网络行动者及其关系分析，首先，最重要的是确定网络行动者，其标准可以是组织边界、地理边界、基于特殊事件参与的边界、基于行动者特征的边界、基于行动者间关系的边界。根据行动者间的关系标准，风险投资活动主要涉及三类参与者：风险投资机构、创业企业、支持者（比如金融中介：银行、天使投资

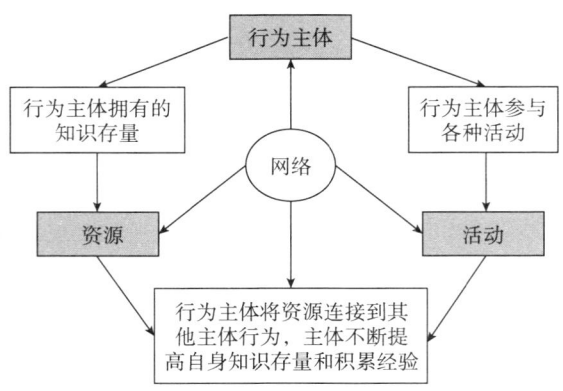

图 3-1 网络的基本形态

人；服务中介：律师、顾问、审计、市场专家；R&D 机构、大学；其他：雇员、同学、家人、朋友）。其次，根据这三类参与者可能存在六种类型的潜在关系：风险投资机构间的关系、创业企业间的关系、风险投资机构和创业企业间的关系、风险投资机构和支持者间的关系、创业企业和支持者间的关系、支持者间的关系。风险投资中的关系研究最广泛的是风险投资机构与创业企业以及风险投资机构间的联合关系。

风险投资机构的联合投资形成了风险投资机构联系的直接网络，联合伙伴与其他机构的再合作活动增加了原网络的外延性，随着网络中企业联合投资的不断产生，整个网络不断壮大，形成了联合风险投资网络。因此，联合风险投资网络指的是，基于风险投资机构间的联合投资关系，为获得资源，提升竞争能力，投资机构间建立的彼此信任、长期合作的战略网络。这种网络一旦建立，便能够作为一种资源获取的渠道发挥作用，同时，在网络发挥作用的过程中使自身得到加强或演变。

风险投资机构与创业企业间，由于退出具有一定的时间周期，因此两者间的关系在一定时间内较为稳定。创业企业高度依赖于风险投资机构的资金和非资金支持，反过来，风险投资机构也依赖于创业企业的发展，双方为了实现共赢，是基于战略导向的、互为依赖的关系。随着风险投资机构与创业企业间的投资增多，形成了相应的战略网络。

风险投资家需要持续不断地寻找新的投资机会、投资风险企业，通过监控和支持风险企业管理已有投资，从而实现价值增值。这些活动使得风险投资机构与支持性参与者间产生了联系,风险投资机构可能获得更多的项目流和管理支持等。同时,作为风险投资机构的客户(如律师或顾问等)也依赖于风险投资机构,双方也是互相依赖的。因此,风险投资机构与支持者间的网络也具有战略或区域网络的特征。

创业企业间也可能由于上下游关系或者合作关系产生广泛的联系,创业企业间共享信息,发展所需的人力资源、技术资源等,形成了以战略、区域或创新为特征的网络,而支持创业企业发展的参与者包括非正式的参与者(例如亲戚、朋友等)和正式的参与者(例如银行、律师、政府机构等),他们的主要作用是帮助创业企业发现创业机会、获得发展所需资源,创业企业和支持创业企业发展的参与者间交换信息、互相合作,构成了以战略、区域或创新为特征的组织间网络。风险投资机构和创业企业同在创业领域发展,他们各自的支持者也可能存在交集,因此支持者间也存在联系。可能的关系内容同样包括信息、相关的人力和资本资源等,不同类型的参与者间都可能合作,因此,这些参与者间的合作关系也会形成以战略为导向的或区域的网络。

基于风险投资活动三类行动者之间的关系及网络资源(网络资源的分析如下文),形成了以下六种网络类型,如表3-1所示。

表3-1 风险投资活动三类参与者关系及网络类型

	风险投资机构	创业企业	支持性参与者
风险投资机构	联合投资 ● 信息、交易流、投资经验 ● 类型:战略、区域、人际关系网络		
创业企业	融资关系 ● 资金来源、信息、投资经验 ● 类型:战略网络	● 信息、交往、合作、人力资源 ● 类型:战略、区域、创新网络	
支持性参与者	● 信息、交往、合作 ● 类型:战略或区域网络	● 信息、交往、合作、人力资源、资本 ● 类型:战略、区域、创新网络	● 信息、交往、合作、人力资源、资本 ● 类型:战略、区域网络

根据前文综述，联合风险投资网络中的网络资源主要指风险投资家通过联合，获取利用的伙伴资源以及与伙伴共享的自身拥有的资源，资源具体包含资金、项目流、投资经验等。风险投资机构除了向风险企业投入资金外，其区别于其他投资的显著特点，还需要提供诸如经营服务、网络、形象、道义支持、综合商务知识和法律等方面的服务。伙伴的项目流、投资经验、声誉等资源带给风险企业良好的品牌特征、市场信誉、人力资源、社会网络、管理能力、技术支持等，对于风险企业的成长将更为有利。

综合以上分析，基于网络的定义，对于联合风险投资网络来说，行为主体（节点）即是参与联合投资的风险投资机构；资源包括资金、项目流、投资经验等；活动涵盖了网络中风险投资机构之间网络资源的传递与交换活动。因此，联合风险投资网络是风险投资机构因联合投资而建立关联，为获取与共享利用伙伴资金、项目流、投资经验等资源，投资机构间建立的彼此信任、长期合作的横向关联网络。

3.1.2 风险投资机构资源获取行为

3.1.2.1 风险投资机构资源获取行为内涵

投资机构依赖联合风险投资网络获取网络资源，风险投资机构具有不同的基于资源的网络资源获取行为。由于行为本身很难进行测度，还需要在对联合风险投资网络内涵、联合风险投资网络资源类型辨析的基础上，进一步明确行动者基于网络资源的活动，即风险投资机构的网络行为的内涵及维度。

行动者构建网络的动机主要表现在获取与共享资源、控制风险以及获得收益等几方面。

首先，风险投资机构能够通过联合投资获得投资的相应资源，包括资金资源、投资经验、项目流、信息、管理知识等。通过资源的获取，提高了投资机构的资金实力，有助于信息扩散和信息传播、有助于风险投资机构突破财务资本与人力资本的限制、有助于投资机构拓展空间与行业的边界并获得项目流邀约，从而提高项目选择决策过程的效率，为投资项目提供更好的增值服务。从社会网络理论的发展看，早期学者们对社会网络的认识都强调社会网络对于资源获取的重要作用，认为网络是识别和获取所需资源的重要手段。随后，学者们将资源基础观引入社会网络领域，将社会网络的研究从关注整体网络的功能转向关注网络中个体行动者如何利用其嵌入性主动地获得网络资源，从而获得相对于其他行动者的竞争优势。网络资源的获取建立在联合风险投资网络各个节点单元高质量的信息传递与资源共享的基础之上,各个投资机构之间建立资源共享网络的联结机制是联合风险投资网络得以高效运转的物质基础。

其次,近年社会网络的研究更关注网络中行动者之间的资源交换,强调行动者之间的联结关系和这种关系对单个行动者行为的影响,指出了存在于网络中的网络资源是网络成员企业外部的一些有价值、难以模仿和不可替代的资源,是竞争优势的重要来源(Chung, Singh & Lee, 2000; Liu & Shou, 2004)。风险投资机构之间通过联合投资进行资源的交换与共享,利用网络资源提高了项目选择决策效率,降低项目选择的不确定性(Lerner, 1994),还可以促进知识共享,提高风险投资机构的投资技能,通过建立错综复杂的联合风险投资网络,共享创新、技术、人员等方面的资源以应对风险投资的不确定性(Bygrave, 1987)。

因此,风险投资机构的网络资源获取行为主要指风险投资机构基于控制风险、获取收益的动机,在联合风险投资网络中为了提高投资绩效,以网络资源为基础,进行资源共享和资源交换的战略性行动。

3.1.2.2 风险投资机构资源获取维度划分

关于资源获取行为维度的划分,已有研究指出,知识网络资源获取可从信息质量、信息数量和信息多样性三个维度进行划分,由企业网络的关系嵌入性、网络构造、节点位置等因素决定(Lee, 2009);可以从知识获取的数量、知识获取的程度界定(Yli-Renko, Autio & Sapienza, 2001);从组织所能拥有资源的多寡与品质,即资源的数量和质量两方面展开研究(Ahuja, Soda & Zaheer, 2012);从网络中个体对信息的涉入程度——可及性、时效性及推荐性来分析网络关系的广度与深度(杨桂菊,2007);从能够获得资源的数量、获得所需资源的渠道以及获取所需资源成本三个维度来度量资源获取(马鸿佳和葛宝山,2008);使用资源获取效率和资源获取结果两个维度来评价资源获取行为,以企业获得异质性资源的数量、方式、渠道以及获得异质性资源的内外部支持四个维度衡量资源获取(常冠群,2009)。

结合风险投资的特性,联合风险投资在网络资源共享和资源交换的过程中,风险投资机构会尽可能从获取资源的结果保证资源的数量和质量,使得共享网络资源具有便捷性、资源交换具有可靠性、资源获取具有有效性。

首先,从共享资源的便捷性看,联合风险投资网络具有信息通道的功能,有助于信息扩散和信息传播(Podolny, 2001; Guler & Guillén, 2010)。风险投资机构通过与伙伴建立足够多的联结,可以更轻易地发现互补资源(De Clercq & Dimov, 2008),资源获取的数量越丰富,资源获取的范围越广,有助于投资机构与联合伙伴有效合作,有利于发现、评估、学习、利用网络资源(Obstfeld, 2002)。

其次,从资源交换的可靠性看,联合风险投资网络是一个以互利为目标的社会网络,是以信任为基础的,风险投资机构间的联合投资表现出很强的相互性,通过邀请其他投资机构共同投资于有前景的风险项目,风险投资机构可以期待在未来得到相应的回报,当其他投资机构有好的投资项目时,也会邀请其参与联合投资(Ozdemir, 2006)。这种相互性提高了网络资源的质量,表现为风险投资机构的网络关系。网络资源的质量可以从网络关系进行衡量(Uzzi, 1996),基于相互理解的、成员间密集联结的网络是进行信息获取和知识转移的基础(Obstfeld, 2002),企业间信任的建立有助于知识共享,尊重和友谊的关系可以促进相互学习(Collins & Hitt, 2006),特别是企业间的交互和学习趋于紧密及频繁时,这种稳定和持久的关系增强了网络内的学习效应和溢出效应,形成了企业间的共有规范,增强了企业间的协作效应(Lyles & Salk, 1996; Simonin, 1999)。

最后,从获取资源的有效性来看,网络的形成是企业自身具有的资源与从其他企业所能获取的资源的匹配的结果。联合伙伴的选择,除了选择愿意进行风险资金合作的伙伴外,更看中能与自身竞争性资源进行互补的投资方(Hopp, 2010)。联合投资的过程是合作竞争的过程,伙伴选择的重要因素是联盟各方之间的互补性(Batjargal & Liu, 2004),即联合风险投资合作伙伴间的资源状况以及资源的互补性。主风险投资机构使用非正式特权去邀请其他投资者来分析其私有知识,发起一个与拥有互补性资源伙伴的互惠合作行为(Ferrary, 2010)。提高伙伴间的资源互补性与关系水平,可以弥补单个投资者在项目选择前和投资后管理监督中的资源、信息不足,与联合伙伴在项目信息和项目管理中形成互补,提升企业的竞争优势。

综合以上研究,为了更深入地揭示通过资源获取行为,不同网络位置的投资机构对投资绩效的影响机理,本书将社会网络理论和资源基础观理论结合起来,将风险投资机构网络资源获取行为的维度划分为资源获取广度、资源获取深度和资源获取效度三个维度。资源获取广度主要指风险投资机构共享网络资源的便捷性,依赖联合风险投资网络风险投资机构能够补充或扩大组织的内部资源,具体表现为资源获取的数量与范围;资源获取深度主要指风险投资机构资源交换的可靠性,风险投资机构通过与伙伴建立信任紧密的网络关系从而共享和交换资源,具体表现为风险投资机构间互惠的程度；资源获取效度主要指风险投资机构获取网络资源的有效性，将自身内部资源与伙伴资源进行整合，具体表现为风险投资机构与伙伴间资源的互补性。

3.1.3 风险投资机构网络位置

根据前文的综述，网络位置是网络中的行动者在整体网络体系中的相对位置（Thorelli，1986），网络位置是针对单个节点的网络结构的测度，是网络中行动者在整体网络体系中相对稳定的关系模式（White，1992），反映了行动者在网络中的身份和地位（Tsai，2001），象征着行动者对其所需资源获取的难易程度以及运用资源效率的高低（Knoke，1990；Dacin，Oliver & Roy，2007；Lutz & Ritter，2009）。联合投资是一种战略行为，风险投资机构基于获取与共享资源、控制风险以及获得收益的动机会嵌入到由于联合而建立的彼此信任、长期合作的横向关联网络中，并形成了一定的网络结构特征。在联合风险投资网络中，Podolny（2001）指出"行动者的地位是（其他市场主体）所感受到的流向该行动者网络联结的结果"，"会塑造其他行动者对其的预期与行为，并从而改变该行动者所面临的机会与限制"。从经验研究的情况看，由于地位本身难以直接观测，通过度量组织的网络联结状况来衡量地位是一种常用方法（Podolny，2001；Guler & Guillén，2010）。

因此，风险投资机构网络位置指的是在联合风险投资网络中，风险投资机构之间相对稳定的网络关系的结构特征，反映了风险投资机构在网络中的身份和地位，象征着风险投资机构对其所需资源获取的难易程度以及运用资源效率的高低，通常从中心性和结构洞两个维度测度。

3.2 概念模型构建

本书主要研究目的是分析网络位置对投资绩效的影响作用机理。通过对社会网络研究的梳理，现有社会网络研究对于网络中绩效的产生主要基于两类视角：一类是以Coleman和Burt为代表的结构主义，对行动者间的重复交易的作用进行研究，强调网络结构特征影响了绩效；另一类是以Lin Nan为代表的关系主义，分析行动者间相互联结、相互依赖的根源，主要关注的是网络内容、成员属性、成员间关系和各种联系中的资源流等内容对绩效的影响。两类研究的结合，使得较少的学者开始关注行动者在社会网络中的嵌入结构，提出网络位置对行动者的行为和绩效会产生重要影响（Gulati，1999；Reagans & McEvily，2003；Uzzi & Lancaster，2003）。因此，可以认为在联合风险投资网络中，风险投资绩效的差异不仅体现在网络位置上，不同的网络位置对投资绩效的影响，即使是在同一网络位置，投资绩效也会产生差异，其差异体现在风险投资机构网络位置对行为的影响进而影响投资绩效的差异上。

3.2.1 网络位置与投资绩效

企业获取资源有三种方式，分别是从内部获取、从市场获取和从网络中获取。创业企业前景的不确定性，导致投资机构难以评价创业活动潜力相关信息的价值；并且，创业者掌握着更多的有关创业团队能力和发展前景的信息，为了争取被投机会，创业者往往不会向投资机构完全暴露相关信息，可能会因为风险投资机构与创业企业间的信息不对称而出现逆向选择行为。因此，风险投资机构的内部资源往往是有限的。同时，投资机构往往难以利用市场交易购买所需资源，投资所需的资金和经验很难进行估价，创业者与投资机构之间的信息不对称进一步放大了市场交易风险，存在市场交易的信息不对称和不确定。因此，利用社会关系就成为风险投资机构获取资源的主要途径，联合风险投资网络就成为有别于企业自身和市场的第三种资源配置方式（Badaracco，1991）。

根据联合投资动机的已有研究，联合投资促进了项目流拓展、资历经验积累、有利于大规模资金需要。首先，从项目流的拓展看，主要是扩大了项目流的选择区域，获得了项目流的邀约。在联合风险投资网络中处于有利地位的风险投资机构往往能突破空间与行业的限制，投资于远距离（空间距离与行业距离）的项目，扩大投资项目集合（Sorenson & Stuart，2001；Cumming，2006；Hochberg，Ljungqvist & Lu，2010）；突破国界的限制，帮助风险投资机构进入海外市场进行投资（Tykvová & Schertler，2011；Meuleman & Wright，2011）。其次，从资历经验的积累看，通过联合可以有效实现机构间的互补。例如，具有金融背景的风险投资机构一般属于资金导向型，利用其资金优势倾向于晚期大规模投资，但往往缺乏相关的行业经验，因此，其参与联合投资的目的大多是从联合伙伴处获取信息流和资源；而行业经验丰富、技术导向型的风险投资公司则在相关产业的技术和发展方面具有优势，其参与联合投资的目的主要是增强自己的交易流、多样化自身的资源；年轻的风险投资机构往往会与资历较深或者经验丰富的风险投资机构联合，帮助其在联合网络中定位，提高其声誉和投资回报率。最后，从投资规模的需要看，风险投资家参与联合投资的原因之一是出于其公司规模的考虑，投资公司的财务实力相对于需要的融资越低，联合的可能性越高，即风险投资公司的资金实力越差，越有可能联合投资（Gerasymenko & Gottschalg, 2008）。联合投资有助于风险投资机构突破自身财务资本、人力资本等方面的限制，实现多样化投资。其后又有相当多的研究进一步证实了这一点（Verwaal, Bruining & Wright, 2010；De Clercq & Dimov, 2004；Manigart, et al., 2006）。因此，由于市场环境激烈竞争的多变性和创业企业需求的多样性，单个风险投资公司不可能拥有足够雄厚的资金实力、各行业领域的投资经验、广泛良好的社会网络等诸多能力，联合投资实现了风险投资机构在资源上的优势互补与实力整合，通过资金流、信息流、项目流等资源流的不断累积形成资源池，联合风险投资网络成为风险投资机构获取和利用资源池中网络资源的前提。

社会网络分析的目的是通过网络成员相互之间的网络联系识别出有影响力和控制力的行动者，根据这些行动者在社会网络中占据的特定位置，分析竞争优势的差异。网络位置是社会网络结构分析的重点，网络位置具有不同的信息优势。风险投资机构会由于网络位置的差异，有区别地获得资源池中项目流、投资经验等资源，影响对风险项目的筛选、风险企业家的机会主义行为、联合伙伴的共享合作（Rossi, Blake & Timmermann, 2018），从而影响投资前项目选择与评估以及投资后监督和增值服务的质量。

因此，从社会网络的视角可以发现风险投资机构的网络位置会对投资绩效产生影响。

3.2.2 网络位置、资源获取与投资绩效

随着资源观用于分析企业竞争优势研究的深入，将资源观与社会网络理论结合起来，提出了"网络资源"的概念（Gulati, 1999），即资源不仅存在企业的边界内部，而且可以存在于企业与企业之间的关系中，并指出资源获取一方面来源于组织嵌入的网络结构，另一方面对企业竞争优势产生了影响。联合风险投资网络是风险投资机构相互联系、相互需要的横向联合，每一个风险投资机构都嵌入在网络中，具有不同的网络优势。但要把网络优势转化为企业绩效并非易事，

关键在于风险投资机构如何与其他行动者进行联系。社会网络分析的另一个重要目的，是根据行动者在社会网络中占据的特定位置，分析资源供给、资源流动受到网络结构特征差异的影响。因而，联合风险投资网络中风险投资机构的网络位置作为重要的网络结构特征，会影响投资机构网络资源的获取。

在联合风险投资网络中，网络位置是投资机构获得资源池的信号（Benjamin & Podolny，1999）。风险投资机构越占据有利位置，那么经由该机构接收和传递的信息及共享的资源就越多。网络位置的差异决定了投资机构所能获得的资源是不平衡的，网络位置的类型不同，投资机构的资源供给和需求特征不同，会带来不同的资源禀赋，具有不同的动机。网络位置表明风险投资机构通过中心性位置和结构洞位置而产生影响。网络中心的投资机构占据在网络中的优越位置，这个位置的优势使投资机构获取更良好的信息、声誉等，并通过学习、规模经济等途径在资源、市场等方面获取或保持竞争优势。另外，风险投资机构占据了结构洞位置，可能会拥有更大的项目选择集合，吸引到其他投资机构与其合作，实现项目流的互惠；可以根据自身利益控制信息的流量和信息内容，具有信息控制优势，以满足自身项目选择的需要；可以更为有效地解决项目评估过程中的信息不对称和不确定性，从而提高项目的评估效率；易于获取更多异质性的信息和资源，减少了投资后道德风险的发生，促进了组织学习功能，更有利于提供高质量的增值服务。网络位置的差异影响了风险投资机构对资源的选择，从而影响了资源的数量和质量。因此，联合风险投资网络中，投资机构最本质的网络行为是网络资源的获取，网络位置决定了风险投资机构在网络中的资源获取行为。风险投资机构会尽可能保证获取资源的便捷性、资源交换的可靠性以及获取资源的有效性，即保证网络资源获取的广度、深度和效度。

另外，资源获取行为会影响投资绩效。资源获取广度意味着投资机构获取资源的丰富性，拥有大量的投资经验、项目流等稀缺资源的投资机构，可以更快地发现市场的潜在机会，能够减少投资机构与创业企业之间的信息不对称，提高风险投资机构参与监督的效率。资源获取深度意味着互惠和信任的伙伴关系，能够获取到可靠信息，选择到高质量的风险项目，能够稳定和持久地解决信息不对称问题，提供有效的增值服务。资源获取效度意味着非重复的异质性知识（Rodan，2010），能够更多地获得附加的信息收益，进而能够改进对创业企业的甄别，并且能够为企业提供有效信息和建议的可能性越高，增值服务能力越强。

因此，联合投资包括风险投资机构、网络资源和网络行为三种彼此依存的网络元素，网络位置因为结构而获得了位置优势，对资源获取的广度、深度、效度会产生影响，而资源获取行为是将网络位置向投资绩效转化的重要传递机制，资源获取在网络位置对投资绩效的影响中发挥中介作用。

3.2.3 资源获取、投资策略与投资绩效

占据有利的网络位置能为风险投资机构的发展带来竞争优势，究其原因，网络位置所带来的资源优势才是竞争优势核心的要素。资源获取行为使得风险投资机构能够获取网络资源，其便捷性、可靠性、有效性是可用的网络资源的潜在价值。这些资源可以通过网络位置由风险投资机构有差别地获取。在联合风险网络中，如果只依赖网络资源获取，由于路径依赖和自我加强效应，网络资源获取能力的局限性会慢慢体现，尤其是风险投资行业所投资的大多是早期、高科技行业，产业环境多变、动荡且充满不确定性。因此，联合风险投资网络组织成员通过建立在组织间互动、信任、互惠基础上，对这些资源进行双边或多边的整合与创造、吸收与运用。一方面有利于提高网络成员资源共享水平，另一方面还会对网络的稳定和投资绩效产生影响。

以 Lin Nan 为代表的关系主义，除了关注网络内容、成员间关系和各种联系中的资源流，还关注成员属性的影响。成员的属性是提升资源利用效率的重要影响因素。联合投资的核心作用之一在于集聚所需的网络资源，风险投资机构通过匹配不同伙伴的网络资源创造价值，从而形成联盟组合中不是单一伙伴能够实现的协同效应（Lavie，2007）。因此，融合结构属性、关系属性以及与组织相关的成员属性，解释组织如何获取、利用网络资源并影响投资绩效，是有效的分析思路。根据前文文献综述，反映风险投资机构成员属性的、便于资源利用整合的相关变量即是风险投资机构的投资策略，风险投资机构对于战略的制定、投资过程的优化等均会因为不同的网络位置而有所不同。基于管理和平衡投资风险及收益的原则，投资策略主要表现在投资行业、企业发展阶段以及投资地域的选择三个方面。从投资行业来看，行业多样化的风险投资机构会拥有更多的有关潜在投资机会的处理能力（Farina，2010），多样化程度的高低在影响企业转介交换能力的同时，也会影响企业受益于网络间信息交换的能力。具有较高的网络中心性的多元化风险投资机构能够更好地受益于从联合伙伴处收到的信息，相较于许多专业化公司，多样化公司在不同的市场中开发利用新机会的优势能力更强。而行业专业化程度较高的风险投资机构对联合风险投资网络的依赖程度会比较低，从而

使得网络位置对投资绩效的影响表现没有多样化机构那样明显。从投资阶段看，投资不同发展阶段的风险投资机构应对创业企业发展的要求和适应能力是不同的，风险投资机构大多会采用分阶段的投资策略。分阶段投资使得风险投资机构在每一轮投资之前都需要投入大量的时间和精力去调查风险企业，并进行谈判、重新起草新的契约合同，这些都将增加风险投资机构谈判与契约成本（Tian, 2010），还会提高风险投资机构将特定的行业知识转换为一般知识的成本（Jensen & Meckling, 1992）。分阶段投资策略会影响资源的吸收与利用成本。从投资地域看，本地偏好程度高有利于风险投资机构提高获取信息渠道的有效性，风险投资机构能够从管理者、中介等本地企业、本地的个人关系中获得重要的信息（Cumming & Johan, 2006），有效缓解逆向选择问题（Casamatta & Haritchabalet, 2007），降低所选项目的不确定性；还利于投资后风险投资家与创业企业家们进行频繁的面对面沟通、减少交通成本、提高效率（Lerner, 1994）。本地偏好程度高的风险投资机构，在信息源有效性和降低监控成本方面具有优势。本地偏好程度高有利于风险投资机构提高获取信息渠道的有效性。因此，风险投资策略不仅对投资绩效具有直接的影响，更能推动组织间资源的共享、整合与利用，是重要的资源获取影响投资绩效的权变因素。

综合以上分析，风险投资机构通过网络资源的获取与利用提升投资绩效的过程，就是在联合投资的推动下形成了风险投资网络，联合的动机引发了网络资源池的形成，风险投资机构个体通过占据一定的网络位置进行网络资源的积累，通过不同的投资策略对网络资源进行有效的利用，从而提高投资绩效的过程。因此，本书试图揭示网络位置对投资绩效的影响机理，需要将网络位置、基于网络资源的资源获取行为、投资策略、投资绩效纳入一个框架下进行研究，构建了网络位置（中心性位置、结构洞位置）、资源获取（资源获取广度、资源获取深度、资源获取效度）、投资绩效以及投资策略之间的作用关系模型。本书的概念模型如图3-2所示。

从模型框架图可以看出，不同的网络位置通过资源获取对投资绩效产生影响。同时，资源获取在影响投资绩效的过程中受到投资策略这一调节变量的影响，意味着资源获取的间接效应的大小要受到投资策略的调节作用的影响。因此，本书所构建的概念模型实质上是一个带有调节的中介模型。

3 概念模型构建与研究假设

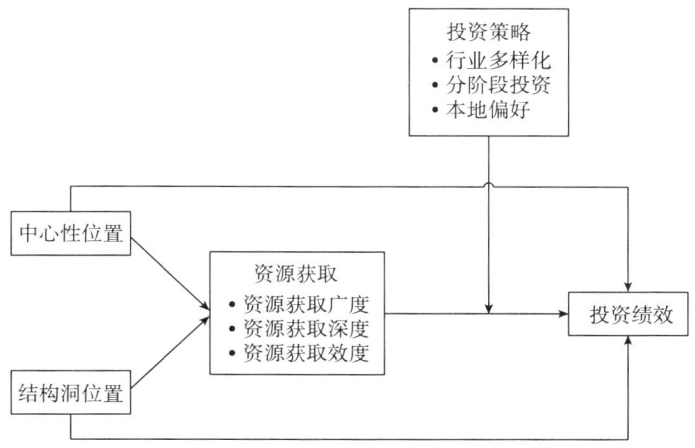

图 3-2 概念模型

3.3 研究假设提出

3.3.1 网络位置对投资绩效的影响

本部分重点研究网络位置对投资绩效的直接影响，借鉴社会网络的相关研究，联合风险投资网络中，投资机构主要占据两种类型的网络位置，本书将投资机构的网络位置分为网络中心性位置与结构洞位置。根据前文网络位置的相关综述，两类网络位置会对投资绩效产生影响，并且由于两类位置形成的差异，可能还会对投资绩效产生交互影响。所以本部分研究的内容框架如图 3-3 所示。

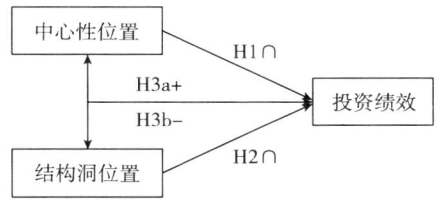

图 3-3 网络位置对投资绩效的直接影响和交互影响

本部分从风险投资的过程出发，按照投资前的项目选择和评估与投资后的监督和增值服务两个阶段，从理论层面展开网络位置对投资过程的影响分析。

3.3.1.1 中心性位置对投资绩效的影响

中心性是社会网络微观结构重要特性之一，也是社会网络分析的重点之一。网络中心度是用来衡量个体行动者在网络中所处位置的信息流动性的关键指标，占据网络中心位置的企业将明显占据信息优势（冗余促进了知识交换和流动），风险投资机构可以及时获得更多的有关投资机会、风险项目和风险企业家的信息，对风险项目潜在的合作伙伴产生一种吸引并进行合理筛选（Whittington, Owen-Smith & Powell, 2009）。信息优势降低了风险企业家的机会主义行为，资源获取与共享为风险项目提供了更为优质的增值服务。

从投资前项目选择与评估的过程看，风险投资机构在选择风险项目时，可供选择的项目越多，选到高质量项目的可能性越大。网络位置的差异影响了投资机构对信息的选择以及获取渠道。由于处于网络中心位置的投资机构能够更多、更及时、更容易地获取有关投资机会的信息，更有利于获取更为密切的知识资源，因而具有信息优势，更可能从更多、更快的渠道获取到投资机会的信息，更早地了解和掌握有关投资机会的信息（Tsai, 2001）。同时，处于网络中心位置的投资机构有更多的联合投资伙伴，与更多的投资机构有过联合投资的经历，基于联合投资表现出互惠性，这意味着处于网络中心的投资机构更有可能获得回报，更可能获取到更多的投资机会，从而扩大可能的项目选择集合。处在中心性位置的投资机构更容易获取准确的信息，通过信息对比，对其准确性进行评估。

从投资后监督和增值服务的过程看，风险投资机构为风险企业提供各种类型的增值服务是风险投资区别于其他类型投资的一个显著特征。投资机构会帮助风险企业提供战略咨询、推荐人力资源、辅导上市等，已有研究证明了投资机构所提供的增值服务对于创业企业发展的重要性。项目投资后，风险投资机构要对创业企业进行监督，以避免由于委托—代理而出现的道德风险，同时为风险企业提供增值服务。风险投资机构有效的监督和有价值的增值服务能提高投资绩效。处于网络中心位置的投资机构会影响到监督和提供增值服务的质量。信息优势降低了风险企业家的机会主义行为。解决信息不对称问题的最直接途径是获取更多的有关风险企业家和风险项目的信息。处于网络中心的位置的投资机构具有更多的信息源，具有更多样化的经验和知识，可以有效缓解事后信息不对称所导致的代理问题和道德风险，提高监督创业企业的能力。处于网络中心的风险投资机构是信息传递和交换的枢纽（吴剑峰和吕振艳，2007），与其所接触的风险投资机构在网络内的地位都较高，获得的资源和信息相比网络边缘的投资机构更为精准和可靠（Hovland, Janis & Kelley, 1953）；而且处于网络中心的风险投资机构具有较高的知识转移主动性，有更多的机会获取重要的隐性知识（温伟祥，2008），促进了风险投资机构之间的集体学习，有助于知识传递、积累以及产生。以上优势使得中心风险投资机构能够提高提供增值服务的能力，更为有效地帮助创业企业发展。

但是，随着网络位置的不断提升，网络中心性的建立、维护和利用并不是没有成本的（Möller & Halinen, 1999），处于中心位置的风险投资机构会与越来越多的投资机构联合，会获得越来越多的项目流，面临的备选项目越来越多，过多的项目会增加项目筛选的难度；同时，中心性高的投资机构往往意味着需要选择同质性的伙伴（Podolny, 2005），获得资源和信息的冗余会减少获得优质项目的机会，而资源冗余与企业绩效是负相关的（Davis & Stout, 1992）。此外，随着网络位置的提升，风险投资机构会投资更多的项目，风险投资机构的专业化投资对其绩效有显著的提升作用，投资于过多项目会分散风险投资机构的专业化水平，使其在同一个项目上投入精力过少，从而降低对单个项目付出的努力水平，降低监督和增值服务的质量。从这方面来说，过高的网络中心性会耗损风险投资机构过多的资源，甚至远远超过网络带来的利益。因此，当网络中心性超过了一定的限度后，随着网络中心性程度的提高，风险投资机构面临的网络成本就越高，当风险投资机构中心度高到一定程度时，其中心性的进一步加强会导致其拥有的资源和信息冗余、控制缺乏（Gulati, 2007）、信息超载（Jääskeläinen, 2009）等，使其筛选出优秀项目的可能性下降，而投资于过多的风险项目会降低风险投资机构提供的监督和增值服务质量。

综合以上分析，网络中心性对风险投资绩效的影响并不是简单线性的，相对于网络边缘位置的投资机构而言，随着中心位置提升，风险投资机构可以扩大项目选择集合、提高项目评估效率、加强对项目的监督、提供高品质的增值服务，进而可以提高投资绩效，但过高的中心度会降低风险投资机构筛选出优秀项目的可能性，降低提供的监督和增值服务质量。因此，本书提出如下假设：

假设1：风险投资机构的网络中心性对投资绩效存在倒U形影响。

3.3.1.2 结构洞位置对投资绩效的影响

联合风险投资网络是基于联合投资关系而构建的，风险投资机构不可能与网络中所有机构都发生联合,因此结构洞在联合风险投资网络中是普遍存在的。结构洞具有桥梁作用,有助于网络主体获取更多的社会资源,有助于获得更多的异质性信息(Burt,2002;Rodan & Galunic,2004)。结构洞是一种社会资本,具有两方面的优势:一是信息优势,即结构洞可以区隔非冗余性信息,获得的资源是增加且非重叠的;二是控制优势,即第三方优势,可以从作为中间人的位置上获取收益。两大优势对提高投资绩效是关键的。本部分的分析也从风险投资网络的功能入手,分析结构洞对风险投资机构投资前项目选择与评估、投资后监督与增值服务的影响。

从投资前项目选择与评估的过程看,基于结构洞获得非冗余信息和信息控制的信息优势,占据结构洞位置的投资机构拥有更大的项目选择集合,更可能吸引到其他投资机构与其合作,实现项目流的互惠。占据结构洞位置的风险投资机构可以从两个没有网络连接关系的行动者中获取有用信息,由于没有网络连接关系,两个行动者之间的直接信息通路是封闭的,因而两者之间信息重复的内容要少很多,意味着占据结构洞位置的风险投资机构可以获取到更多有关投资机会的非冗余信息,从而扩大可供选择的项目集合。由于占据结构洞位置的投资机构具有信息优势,这一特征会对其他投资机构产生吸引,其他投资机构会愿意拿出自身所拥有的投资机会与其进行交换,从而增加项目集合,扩大项目选择范围。另外,占据结构洞位置的风险投资机构可以根据自身利益来控制信息的流量和信息内容,具有信息控制优势,可以以最低的成本构建有效且信息富足的网络,所获得的信息量更大、更有效率,可以获得非重复的"第二者意见",缓解重复信息太多带来的低效率,可以更多、更全面地获取信息以降低项目评估过程中所面临的信息不对称和不确定性,提高项目选择效率。在联合风险投资网络中,占据结构洞的焦点风险投资机构拥有信息优势,充当了联合伙伴的信息中介,可以从本身没有联系的投资机构处获得不同的关于投资机会的信息、项目投资意见和增值服务资源等,可以根据自身需求控制伙伴信息流动的数量和质量。同时,其他投资机构向占据结构洞位置的风险投资机构提供自己的投资机会和增值服务资源,这时,投资机构利用控制优势可以选择性地向其他联合投资机构传递相关信息与资源,采用渔利策略,引起不同联合投资机构的竞争,即将伙伴设置为资源竞争关系来管理伙伴,拥有信息、知识和技能相似的伙伴是可替代的,要取得焦点企业的注意力,伙伴之间会进行竞争,这样焦点企业会取得更多的资源与权利,进一步提高其投资绩效。

从投资后监督和增值服务的过程来看,占据结构洞的投资机构易于获取更多异质性的信息和资源,减少了投资后道德风险的发生,促进了组织学习功能,更有利于提供高质量的增值服务。由于存在投资机构与创业企业间的信息不对称,风险企业家可能会出现道德风险。而道德风险的解决就是通过获取更多有关风险企业家和风险项目的有效信息,占据结构洞的投资机构恰好可以获取到更多的非冗余信息,以此监督风险项目的情况,降低道德风险。同时,从投资效率来看,结构洞能获得"非重复"的合作关系,减少冗余联系,占据结构洞位置的投资机构还能获得更多的异质性互补的资源,避免了资源的重复与浪费,能够与联合伙伴进行深入的合作,互为学习,提高对提供增值服务的能力;可更方便地查明备选项目和合作伙伴的资质,有效地获知机会或威胁的信息,从而提升成功率(Uzzi,1996);关系的维护是有成本的,占据结构洞的投资机构可以把有限的精力投入到最值得维系的联系上(Soda, Usai & Zaheer, 2004; Gnyawali & Madhavan, 2001)。

然而,随着风险投资机构占据越来越多的结构洞,有可能使投资机构的成本增加、投资机构间的信任降低,因此会对投资绩效产生负向影响。

第一,伴随着风险投资机构结构洞数量的增加,其获取的多样化信息、资源和知识越来越多,基于风险投资机构管理者的网络能力一定的前提下,风险投资机构无法进行与自己网络能力不匹配的资源的利用,或者说要从大量异质性的资源中获取最有利用价值的资源需要耗费大量的成本,这无疑增加了风险投资机构的资源获取成本。

第二,根据交易成本理论,相对于间接联系的风险投资机构,风险投资机构与直接联系的机构进行联系要花费更多的成本。随着结构洞数量的增加,其交易成本递增,边际收益递减,因此会降低投资绩效。与不同的投资机构联合需要投入不同的资源,因此投入的资源不能产生规模效应,这就造成了资源的浪费,产生额外的成本,并且成本随着结构洞数量的增加而增加;而且当占据的结构洞数量过多时,其他投资机构会对焦点风险投资机构缺少信任,在提供相关投资机会与资源时有所保留。

第三,虽然结构洞数量较多的风险投资机构有机会获取到多样化的信息、资源和知识,但过多的结构洞会使风险投资机构面临更多异质性伙伴,导致冲突、协调困难、行动迟缓,使得信息的传递质量下降,风险投资机构不能依赖集体治理机制来实施合作行为。因此,进行伙伴关系的治理会带来冗余的治理成本。

第四，风险投资机构占据较多的结构洞会遭受信任下降带来的损失，导致机会主义。由于其往往被视为圈外人，难以获得其他投资机构的信任，使得风险投资机构要遭受互动减少和信任下降所带来的损失，因而占据结构洞位置所带来的多样化优势也就被不信任所带来的劣势所抵消了。占据结构洞的风险投资机构与伙伴的信任程度低，伙伴容易产生机会主义行为倾向，伙伴可能通过不履行联盟义务、牺牲伙伴利益试图获得好处。结构洞过多增加了风险投资机构暴露于机会主义行为中的危险，以及转移和整合新信息的问题。

综合以上分析，相对于没有占据结构洞位置的投资机构而言，占据结构洞位置的投资机构可以扩大项目选择集合、提高项目评估效率、加强对项目的监督、提供高品质的增值服务，减少道德风险，有效管理与伙伴的关系，进而可以提高投资绩效。占据过多的结构洞的风险投资机构会带来成本增加和信任减少，这将导致风险投资机构的投资绩效降低。因此，本书提出如下假设：

假设2：风险投资机构占据结构洞的数量对投资绩效存在倒U形影响。

3.3.1.3 两类网络位置对投资绩效的交互影响

由上面的分析可以看出，两类网络位置都具有吸引力的网络结构特征，对于一家投资机构而言，是否意味着倾向于在取得中心性位置的同时也应占据更多的结构洞。同时，两类网络位置对绩效的负向影响，会不会由于两类位置的同时作用有所抵消。因此，下面从两类网络位置的关系出发，进一步探讨两类网络位置的交互关系对投资绩效的影响，从而发现到底怎样的网络位置对于一家投资机构是有利的。

一些研究认为，中心性位置和结构洞位置是互补的，可以相互促进，有利于投资绩效的提高。占据中心性位置的风险投资机构，有更多的联合投资伙伴，与更多的投资机构有过联合投资的经历，将明显占据信息优势，可以及时获得更多的有关投资机会、风险项目和风险企业家的信息，网络规模的重要性要高于网络层次的重要性。因此，网络中心的风险投资机构与其联合伙伴具有诸多相似性，如项目选择、投资领域等，促使网络能够保持长期的稳定。但当中心性越来越高，网络伙伴数量一味增加，网络规模不断扩大，却不考虑网络多样性时，网络便可能出现冗余现象。在这种状况下，与众多相似的投资机构建立联系虽然可以为网络带来稳定，却减少了企业的灵活度，大规模的网络增大了协调网络成员利益的难度，迫使投资机构花费更多的时间、精力与金钱用于网络关系的维护（Gomes-Casseres，1994），投资机构需要花费很高的成本来维持网络；另外，中心性增强时，意味着网络规模扩大、网络伙伴间的连接增加，伙伴机构间复杂的交互关系使得投资机构对单个网络伙伴关系具有的价值更难以评判。因此，需要在扩大规模的同时增加网络伙伴的多样性。

Zaheer和Soda（2009）认为，中心性位置作为投资机构实力的信号，可以吸引位于网络边缘的投资机构，从而促进结构洞的形成。中心性位置对结构洞的形成具有积极的推动作用。第一，中心性高的投资机构通常有更优质的知识资源储备，因此需要防范知识泄露。建构一个网络密度低，即结构洞较多的联盟组合有利于减少知识泄露的风险，因为结构洞可以抑制网络中的信息传播（Kogutand & Zander，1992）。第二，中心性高的投资机构有能力和合作伙伴签署排他性的合作协议，导致在网络中产生相对独立的主体。第三，中心性高的投资机构通常被认为是有威望的和有权力的，吸引了处于网络边缘地位的主体，从而增加了结构洞形成的概率。此外，如果占据中心性位置的投资机构同时占有较多的结构洞，它们有更多的可能性接触到新的投资机会，就有更好的能力克服信息不对称，并将看似不相关的元素整合成创新元素，因此从结构洞获得的利益可以强化投资机构的中心位置（Stam & Elfring，2008）。

结构洞具有的信息优势规避了中心性位置由于伙伴规模过大带来的负面影响，从而实现在联合风险投资网络中联合伙伴的核心能力互补、关键要素聚合以及有效协同管理以降低信息搜索成本、分摊投资风险、提高项目选择标准和避免恶性竞争。同时，中心性位置促使产生更多的结构洞位置，两类位置具有互补关系，对投资绩效具有正向影响。因此，本书提出如下假设：

假设3a：风险投资机构占据结构洞的数量和网络中心性的交互对投资绩效有正向影响。

一些研究认为，中心性位置和结构洞位置是可以替代的，同时发展两种位置不利于组织绩效的提高。从两种位置的产生可以看出，同时追求两种网络位置存在矛盾。在网络中增加结构洞和提升网络中心性存在矛盾，因为提升网络位置的中心性意味着需要选择同质性伙伴，而占据更多的结构洞位置意味着与异质性的伙伴建立联系（Podolny，2005）。地位作为一种社会资源具有可传导性，高地位的企业与低地位的企业形成联系会损害自身的地位，这种现象被称为"地位溢出"（Status Leakage）。增加结构洞不可避免需要与网络中中心性位置较低的投资机构产生连接，这会导致高地位主体的地位溢出（Blau，1964）。如果中心性高的投资机构同时占据较多的结构洞，它的伙伴们会担心受到剥削，从而削弱了对关系投入和分享知识的意愿。风险投资的研究中发现，高地位的投资机构往往与高地位的投资机构进行联合（杨敏利和党兴华，2012）。

其他相关研究发现，同时追求两种位置会对绩效产生负面影响。当高地位的投资银行占有更多的结构洞，它们的市场份额反而出现了下降（Shipilov，2009）。从学习理论的观点出发，由于地位和结构洞需要不同的学习机制和技能，同时追求这两种网络特征会导致管理上的困难和低绩效（Houston，Lee & Suntheim，2018）。结构洞所带来的多样化资源会分散工作的注意力，高中心性位置的投资机构从结构洞中获得的收益反而是有限的（Perry–Smith，2006）。虽然高中心性位置的投资机构有更好的机会和能力建构结构洞，但当联合伙伴多元化程度提高时，它们会避免网络中结构洞的出现，这是因为：

首先，当中心性位置高的投资机构其伙伴们多元化程度较高时，中心性位置高的投资机构从建构结构洞中获取非冗余资源的需求下降。伙伴的多元化提高了在联盟组合中信息交流的复杂性，并使得对伙伴知识的吸收变得困难（Jiang，Tao & Santoro，2010）。由于中心性高的投资机构通常需要管理较多的联盟关系，并需要在吸收伙伴资源方面投入更多的管理成本，伙伴技术的多元化为中心性高的投资机构增添了额外的信息负担。虽然中心性高的投资机构在联盟管理方面有相对丰富的经验，但伙伴技术的多元化造成的信息负荷仍然可能超过机构自身的认知能力。为了解决上述困难，中心性高的投资机构会寻求可能的方式，包括对联盟组合结构的调整以促进知识的传输和转化。当联盟组合中结构洞较少，共同第三方纽带则增多，导致信息的传播相对容易，伙伴间的信任相对提高，较多的相互联系减少了网络中的结构洞，并增加了共同第三方纽带的比重，从而减少了信息不对称的风险（Argote，McEvily & Reagans，2003）。结构洞较少的联盟组合可以强化伙伴技术多元化对探索性创新的积极作用，因为这样的网络结构有利于投资机构吸收伙伴们多元化的知识（Phelps，2010）。当伙伴技术多元化程度提高，在伙伴之间进行沟通和协调变得困难。为了促进与伙伴之间的合作，中心性高的投资机构倾向于建构结构洞较少的联盟组合。伙伴的技术多元化常常意味着伙伴的目标、流程、决策过程是不同的，从而导致这些伙伴之间的协调和交易成本上升。因为中心性高的投资机构通常面临着复杂的网络关系，在技术多元化程度较高的伙伴们之间进行协调和交易的成本非常显著。如同Goerzen和Beamish（2005）所提及的，"异质性直接导致了不信任和敌意，因为不相似使群体成员之间可能有不同的语言、形态、目标。因此，异质性的后果可能是负面的"。缓解伙伴技术多元化所带来负面影响的方式之一是调整联合网络的结构。如果网络中的参与者之间存在较多的相互联系，彼此之间的协调相对容易并能创造更多的价值（Dyer & Singh，1998）。因此，中心性位置的投资机构倾向于建构一个结构洞较少的网络。

其次，中心性位置越强的投资机构，它们之间相互连接的紧密程度越大。一方面，当网络密度增加时，投资机构之间信息交换的增加使得行业水平资源的异质性减弱，从而降低了建构结构洞的利益；另一方面，投资机构之间相互依赖性增加，从而提升了地位的价值（FIELDS，1983），当行业网络的密度增加，在行业内部信息交换的频率增加，单个投资机构有更大的可能性被其他投资机构连接，网络资源在行业水平的多样化程度将下降。而结构洞的建立需要接触多样化、非冗余的资源，结构洞的价值取决于伙伴资源异质性的程度，因此随着网络密度的增加，投资机构建构结构洞的动机将出现下降。

再次，当行业网络的密度提高，网络中的参与者对社会效应的重视程度提高（Oliver，1997），导致投资机构会更加谨慎地保护自身地位。由于在联盟组合中建构结构洞需要与处于行业网络边缘的、地位相对较低的投资机构形成联系，导致中心位置的投资机构在联盟形成中会损耗自身的地位（Shipilov, Li & Greve, 2010）。在这样的行业背景中，地位重要程度的提高驱使中心位置的投资机构采取措施保护自身的地位。由于中心位置的投资机构建构结构洞的行为不可避免与一些网络边缘的投资机构结盟，导致地位的溢出；中心性高的投资机构为了维持对自身身份的认同，倾向于在联盟组合中减少结构洞的数量。

最后，高密度行业网络所带来的同行压力强调在行业中保持作为可靠的合作者形象的重要性，从而弱化了中心位置的投资机构建构结构洞的动力。占据结构洞较多的投资机构更有可能被知觉为机会主义者（Xiao & Tsui, 2007），因为这样的投资机构作为中间人可以从自我中心网络中获取超额的价值，却较少受到社会规范的制约（Coleman, 1988）。因此，从结构洞的位置中获取利益，在行业网络密度较高的环境中更有可能受到其他主体的负面评价。为了维护自身的声誉，中心性高的投资机构从结构洞中追求自身私有利益的动机下降。

从以上分析可以看出，当投资机构的资源已经多元化且网络成员间的关系较为紧密时，占据中心性位置的投资机构其追求结构洞位置的动机下降，两类位置具有替代关系，对投资绩效具有负向的影响。因此，本书提出如下假设：

假设3b：风险投资机构占据结构洞的数量和网络中心性的交互对投资绩效

有负向影响。

3.3.2 网络位置对资源获取的影响

网络位置被认为是风险投资机构在联合网络中相对稳定的网络关系的结构特征,反映了风险投资机构在网络中的身份和地位,象征着风险投资机构对其所需资源获取的难易程度以及运用资源效率的高低,对于风险投资机构获取资源有着重要的影响。然而,网络作为信息流动的渠道,网络结构影响企业接触的信息。不同的网络位置,获取资源的活动具有差异性。中心性位置形成于网络封闭,由于持续的、多重的社会关系而产生,明显占据信息优势,冗余促进了资源交换和流动。结构洞位置来源于社会网络稀疏地带的联结,是信息的中介,明显占据信息优势和控制优势,能够区隔非冗余性信息,可以从作为中间人的位置上获取收益。风险投资网络中的资源,如信息、项目流、投资经验等的分布是不均衡的,处于网络中的投资机构,按其在网络中位置的不同结构性地分配资源,网络位置的差异影响了风险投资机构对资源的选择以及获取渠道,通过资源获取行为而有差别地占有资源。本部分重点研究网络位置对资源获取行为的影响,研究的内容框架如图3-4所示。

3.3.2.1 中心性位置与资源获取

风险投资机构构建网络的目的在于从不断的合作中,与其他风险投资家建立关系,网络成为成员间信息传递和共享的通道。处于网络中心的投资机构更有可能将自己置于资源丰富的位置,占据网络中心位置的风险投资机构将明显占据信息优势。

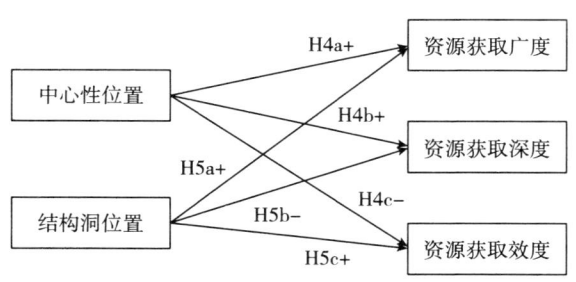

图3-4 网络位置对资源获取的影响

(1) 中心位置对资源获取广度的影响。风险投资机构网络位置产生的差异使其对资源的选择产生不同的影响,风险投资机构倾向于更广泛、更深入的外部合作,以获取投资经验、项目流、支持性的资源等。

第一,处于网络中心位置的风险投资机构有更多的联合投资伙伴,拥有多重的信息渠道与信息源,与更多的投资机构有过联合投资的经历,表现出互惠性。这意味着处于网络中心的风险投资机构能与伙伴建立起稳定的关系和培育相互信任,拥有良好的网络连接状况,从而在风险投资市场中拥有较高的地位(Hochberg,Ljungqvist & Lu,2007)。这种高地位,可以为风险项目提供合法性支持或认证作用(Sorenson & Stuart,2001;Podolny,1993),以此获得市场中其他主体对其品质的认知,使得处于网络中心位置的投资机构更有可能吸引到更多的创业企业家和风险项目。因而地位高的投资机构会对其他投资机构产生一种吸引。在风险资本市场,为避免降低自身在市场中的地位,地位高的投资机构往往会寻求与其地位相似的投资机构联合投资。由于地位高的投资机构拥有很多投资机会,这种强强合作无疑会极大地扩大风险投资机构的资源池。

第二,处于网络中心位置的风险投资机构中心性越高,意味着与其有直接联系的投资机构越多,这种联系使投资机构拥有多重信息渠道,可以使投资机构快速、便捷地获取有价值的信息(徐梦周和蔡宁,2011),可以为投资机构提供接触重要且有价值信息的机会,可以掌握更多的有关潜在投资机会的信息,因而更有可能突破空间和行业所带来的限制(Sorenson & Stuart,2001)。丰富的直接联结有助于与网络伙伴建立互动,有可能建立起稳定和相互信任的关系。处于网络中心的投资机构更有可能寻找到合适的联合投资伙伴,可以根据以往的大量联合经验以及项目的特点,在众多网络伙伴中选择资源互补、相互信任的联合伙伴,为风险项目的发展提供资金、经验等各方面的支持。处于网络中心位置的投资机构会对风险项目潜在的合作伙伴产生一种吸引并进行合理筛选,更有可能为风险企业提供高质量的增值服务。风险投资机构可以及时获得更多的有关投资机会、风险项目和风险企业家的信息,还可以与其他网络成员分享更多的共同资源。信息优势解决了风险投资家与风险企业家间因信息不对称而出现的道德风险,降低了风险企业家的机会主义行为,资源获取与共享为风险项目提供了更优质的增值服务。

第三,处于网络中心位置的风险投资机构,由于信息桥梁作用不明显,以同质性资源为主,网络个体特性趋同,冗余促进了资源的交换和流动。风险投资机构可以及时获得更多的有关投资机会、风险项目和风险企业家的信息，还可以与其他网络成员分享更多的共同资源。信息优势解决了风险投资家与风险企业家间因信息不对称而出现的道德风险，降低了风险企业家的机会主义行为，资源获取与共享为风险项目提供了更优质的增值服务。

第四，处于网络中心位置的风险投资机构其声望和地位往往比较高（Podolny，1997），处于网络中心的风险投资机构通常更容易有效传递内在特征，形成网络外部的高声誉。良好声誉是参与机构质量的信号，良好的声誉能够降低获取其他风险投资机构信任的成本。风险投资机构会因为声誉更有利于获得更多、最新的信息，从而对多种信息进行比较来保证获得信息的准确性。处于网络中心的投资机构成为了知识交汇点，处于中心位置的企业可以获得更多竞争和战略优势的机会。网络外部成员也可以通过观察风险投资机构的合作伙伴以及以往投资风险项目来构筑对其内在价值的认知（Podolny，1993）。由于中心位置的风险投资机构因为过去的绩效相对较高，所以有关它们内在价值的声誉信号相比边缘企业来说能够更为清晰地传递，也更容易被公众理解和接受，这样可以达到"名声在外"的效果。

因此，风险投资机构中心性越高，风险投资机构借助联合风险投资网络补充或扩大组织内部资源的能力越高，资源获取的数量越多，范围越大。

（2）中心位置对资源获取深度的影响。

首先，处于网络中心位置的风险投资机构拥有广泛的联系，网络联结数量多是最中心的行动者，将明显占据信息优势。这种位置意味着有更多的直接联系、更多的同质性伙伴（Podolny，2005）。直接联系有助于风险投资机构间保持频繁的联系，增加彼此的联系和了解，使它们对另一方拥有何种信息以及对信息的价值有较清晰的认识，从而避免了大范围的信息搜寻过程（Uzzi，1996）。联合伙伴也会针对投资机构的需要，选择性地提供有效的信息或提供拥有这种知识的其他伙伴的信息，从而降低信息筛选的成本，使组织能够获得更为有效的资源（Hansen，1999；Gulati，1999；Uzzi & Lancaster，2003）。另外，风险投资机构与网络伙伴形成的强联结，促成了更为紧密的情感联系和网络成员间的信任，有利于缄默性知识在组织间的转移（Burt，2001），并促进风险投资机构间搜索和转移信息过程效率的提高（王志涛和职鹏飞，2009）。

其次，处于网络中心位置的风险投资机构具有多重的联结，伙伴间也会形成多重联结，导致风险投资机构之间产生相互依赖，而伙伴之间的相互依赖与资源承诺有直接的关系,资源承诺程度越高,投资机构期望从别人那儿接到加入未来联合投资的邀请越多(Ozdemir,2006),联合的频率越高,越有助于提升合作关系的"质量",无形中提高了中心位置投资机构所获取资源的质量(徐梦周和蔡宁,2011)。网络中存在许多不确定因素,有价值信息的获取多是基于互利互信的原则,网络中心性的投资机构与其他组织的联结关系多、地位高、影响力大,是各种资源聚集的中心,拥有更大的资源控制权力(Salman & Saives,2005),这会吸引众多其他投资机构对核心企业的资源依赖,占据网络中心位置的风险投资机构可以加大网络中其他风险投资机构背信的机会成本。另外,风险投资机构间存在竞争关系,往往不会向其他资源持有者完全暴露投资机会的相关信息和潜在价值,只有当投资机构间关系强度足够高时,才有可能从网络关系中撬动所必需的资源支持,获得高质量的关系资源。同时,良好的合作关系才能促使有的网络伙伴在长期紧密的合作过程中,会更加愿意牺牲个体的短期利益,提升联盟的长期和整体利益,并发展出各种解决问题的制度安排,从而降低知识分享的风险(Powell,Koput & Smith – Doerr,1996)。

因此,风险投资机构中心性越高,风险投资机构越要与伙伴建立信任紧密的网络关系,资源交换的可靠性越高。

(3)中心位置对资源获取效度的影响。

风险投资网络中具有同质性资源和异质性资源,处于中心位置的风险投资机构,将明显占据信息优势(冗余促进了知识交换和流动),往往意味着需要选择同质性的伙伴(Podolny,2005)。网络成员通过与中心位置的成员建立联系来提高自身在网络中的地位,而反过来中心成员则没有这样的动机,因为这无助于甚至有损其在网络中的地位。因而,网络内联系总是更容易在相似位置的成员之间建立,从而使这种位置具有自我复制的特点。与网络伙伴的联系较多、关系紧密、互惠程度较高,因此中心位置的投资机构与伙伴形成了"like – me"效应。

同时,在信息交流的过程中,风险投资机构之间的集体学习,形成共同的知识传递、积累以及新知识的产生有助于风险投资机构对市场信息和创业机会的理解及解释。随着网络位置的不断提升,可能会出现过度嵌入的现象,更加密切的联系加强了网络内组织的联系,却隔绝了网络内组织与网络外组织的关系,使它们难以获取到网络外部知识(Uzzi,1996);同时,组织间非常高的关系质量水平,可能会使投资机构疏于监管网络中的信息流动,降低信息加工的强度(Yli – Renko,Autio & Sapienza,2001),减少获取信息和资源的主动性,期望伙伴企业在自己有需要时主动提供相关的知识,这会减弱投资机构积极获取外部信息、资源的动机(Nahapiet & Ghoshal,1998)。尽管中心位置的风险投资机构拥有多种资源渠道,但由于网络关系的同质性、紧密性,风险投资机构很难同那些提供"即时性"或"互补性"资源供给的其他投资机构建立联合关系,获取到的互补性技能和资源可能较少。

因此,风险投资机构中心性越高,风险投资机构与伙伴间资源的互补性越低,投资机构很难将自身内部资源与伙伴资源进行有效的整合。

综合以上分析,本书提出以下假设:

假设4a:风险投资机构的网络中心性对资源获取广度具有正向影响。

假设4b:风险投资机构的网络中心性对资源获取深度具有正向影响。

假设4c:风险投资机构的网络中心性对资源获取效度具有负向影响。

3.3.2.2 结构洞位置与资源获取

Burt(2001)认为,占据结构洞位置的企业可以成为其他企业交换信息的桥梁,接近彼此之间不相连的合作伙伴,实现稀疏地带的联结,获得非重叠、非冗余的信息,能比别人更早、更多地获取有价值的信息和更及时地把握信息,具有信息优势;能够由于所处位置的特殊性采取齐美尔所提出的第三者渔利策略,具有控制优势,成为网络中控制资源流动和信息交流的关键节点。

(1)结构洞位置对资源获取广度的影响。

首先,与构建重复联系的投资机构相比,占据多个结构洞的投资机构,广泛地参与到多个联合投资中,且拥有许多直接连接。这种优越的条件使得投资机构可以接近许多不同的信息流,获得更多、更新的非重复信息,在其自我中心网络中就可以获得足够的资源,包括信息、经验和知识。多重网络的建立使焦点风险投资机构更能控制整个网络的资源,且规模越大,信息流、知识流越多,获取关键资源的机会也越大。风险投资机构拥有越多结构洞数量,将使信息流向该风险投资机构汇聚,因此它将拥有比其他风险投资机构更多信息来源和渠道,拥有信息的主导权。

其次,占据网络中结构洞的投资机构能以最大的效率建立并维持联系,通过占据网络中独特的桥梁位置,获取信息和资源的交流优势。嵌入非常紧密和强联结的网络可能会危害个体寻找新的知识以及其学习过程,而处于结构洞位置的风险投资机构实现了稀疏地带的联结,处于不同群体间的信息汇交地带,可以从两个没有网络连接关系的行动者中获取有用信息,提供了一个与远距离具有多种资源的参与者联合的机会。由于没有网络连接关系的两个行动者之间的直接信息通路是封闭的,因而两者之间信息重复的内容要少很多,意味着占据结构洞位置的风险投资机构可以获取到更多有关投资机会的非冗余信息,有助于提高网络中信息流动的效率,为投资机构带来多元化的信息。

最后,结构洞来源于稀疏地带的联结,有利于获取非冗余、多样化的信息,能够补充原有企业知识存量的不足(Cassi & Plunket, 2014)。占据结构洞位置的投资机构拥有更大的项目选择集合,更可能吸引到其他投资机构与其合作,实现项目流的互惠。结构多样化网络拥有的成员具有不同的组织属性、角色和位置,风险投资机构可以从中发现对自身有用的多样化和独特的知识源。风险投资机构占据的结构洞数量越多,结构洞种类越丰富,其所拥有的合作伙伴越多,能够与彼此间不联系的群体建立联系,越容易获得更多对自身发展有利的关键信息,并且通过控制信息的通道来获取更多的资源。

基于以上分析,我们认为占据更多结构洞的风险投资机构会拥有更多的合作伙伴,资源获取的数量越多,范围越大。

(2) 结构洞位置对资源获取深度的影响。

占据结构洞位置的风险投资机构可以成为彼此之间不相连的投资机构交换信息的桥梁,实现稀疏地带的联结。占据多个结构洞的风险投资机构更可能拥有联结稀疏的网络,可以通过与不相似的投资机构建立非冗余的联系,成为联结不同群体之间的桥梁,处于不同群体间的信息交汇地带。因而这个投资机构本身不属于关系稠密的网络组织,无法与其他投资机构建立更加密切的联系,弱联系不利于投资机构间隐性知识的传递,相对其他投资机构网络内部的关键信息流入该风险投资机构的渠道也越少。并且,由于稀疏和弱联结的网络缺少信任和默契,处于结构洞位置的投资机构无法与其他投资机构进行密切合作,使它们对另一方拥有何种信息以及信息的价值缺乏较清晰的认识,从而会大范围地进行信息搜寻,提高进行信息筛选的成本。

占据结构洞数量较多的风险投资机构有机会获取到多样化的信息、资源和知识。但是网络中存在许多不确定因素,有价值信息的获取多基于互利互信的原则,由于占据结构洞的风险投资机构往往被视为圈外人,难以获得其他投资机构的信任,使得风险投资机构要遭受互动减少和信任下降所带来的损失,更多的隐性知识在风险投资机构之间无法传递,更多异质性伙伴导致冲突、协调困难和行动迟缓,使得信息的传递质量下降,降低了核心企业所获取信息的质量,风险投资机构不能依赖集体治理机制来实施合作行为。因此，进行伙伴关系的治理会带来冗余的治理成本，而且风险投资机构占据较多的结构洞数量会遭受信任下降带来的损失，导致机会主义。占据结构洞位置所带来的多样化优势也就被不信任所带来的劣势抵消。占据结构洞的风险投资机构与伙伴的信任程度低，伙伴容易产生机会主义行为倾向，伙伴可能通过不履行联盟义务、牺牲伙伴利益试图获得好处。结构洞过多，增加了风险投资机构暴露于机会主义行为中的危险，以及导致转移和整合新信息的问题。尽管占据结构洞位置的风险投资机构能够最小化合作伙伴之间的冗余联系，但风险投资机构占据结构洞位置的数量越多，风险投资机构会与伙伴建立非紧密、弱联结的网络关系，资源交换的可靠性越低。

（3）结构洞位置对资源获取效度的影响。

处于结构洞位置的风险投资机构位于不同群体间的信息交汇地带，控制着联结中信息的流动方向，提高了网络中的信息流动效率，并获得了掮客收益。网络中结构洞丰富的风险投资机构，拥有良好的信息优势，有机会接触到两类异质的知识来源，结构洞两边风险投资机构具有不同的资质或者来自完全不同的产业背景，这为信息的多样化以及更多信息的非冗余化提供了机会。占据较多结构洞位置的风险投资机构能够接触到更多的不直接连接的合作伙伴，从而导致风险投资机构更加容易接触新的信息、知识和观点，能接触到更多不同类型的信息流。因而，占据结构洞位置的风险投资机构，尤其对于受到资源局限的投资机构而言，有更多的机会获取异质性知识资源，对网络有更全面的理解，对风险投资机构绩效有用的知识与资源的获取更为有效。

另外，由于投资机构需要对大量不同的信息和知识进行整合，结构洞代表了网络内主体间的非冗余联系，占据较多结构洞位置的企业可以以较低的成本和风险构建资源丰富的学习网络。网络资源异质性促使企业获得更多的异质性互补的资源，避免了资源的重复与浪费，能够与联合伙伴进行深入的合作，互为学习，增强企业对不确定性环境的敏感度，越可能处理好各种复杂问题。从学习角度看，连接结构洞的投资机构更容易辨别具有较强创新能力的主体，识别有关技术创新活动的机会和威胁，从而降低技术学习的风险和成本，知识的多样性有助于促进投资机构学习的深度、广度及速度，从而有利于提升企业绩效（Beckman & Haunschild，2002）。因此，占据结构洞位置越多的风险投资机构，所能联结的伙伴资源多样性程度越高。投资机构在多样化伙伴的两边起到了桥梁作用，能够投资到更多的、质量好的、分布在不同的行业、区域和发展阶段的风险企业，而不必是他们现有的、直接的技能所局限的投资范围,通过利用他们自己的资源—伙伴、基金和项目流,以及他们伙伴的相应资源,风险投资家能够增加投资范围和规模,能够加强学习,从而提高项目投资的绩效(Jääskeläinen,2009)。

因此,风险投资机构占据的结构洞越多,获取的异质性信息越多,风险投资机构与伙伴间资源的互补性越高,投资机构很容易将自身内部资源与伙伴资源进行有效整合。

综上分析,本书提出以下假设:

假设5a:风险投资机构占据结构洞的数量对资源获取广度具有正向影响。

假设5b:风险投资机构占据结构洞的数量对资源获取深度具有负向影响。

假设5c:风险投资机构占据结构洞的数量对资源获取效度具有正向影响。

3.3.3 资源获取对投资绩效的影响

从外部获取资源已经成为企业保持竞争优势和差异绩效的关键,风险投资机构的运作需要对企业的资源进行有效整合,风险投资机构资源获取行动可能从三个方面影响投资绩效。如图3-5所示。

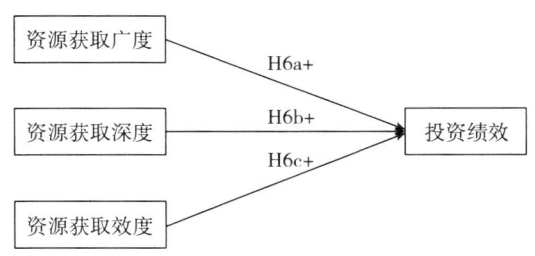

图3-5 资源获取对投资绩效的影响

3.3.3.1 资源获取广度与投资绩效

从风险投资运作过程看,不论是投资前的项目选择与评估,还是投资后的监督与增值服务,都需要风险投资机构拥有足够、有价值的信息。

首先,资源获取广度越大,意味着获取到的资源越丰富。项目的选择与评估过程中,投资机构可供选择的投资机会越多,选择到高质量的风险项目的可能性越大。拥有大量投资经验、项目流等稀缺资源的投资机构,可以更快发现市场的潜在机会,从中获取"先占"优势。因此,投资机构获取的资源越多,资源基础条件差异越大,绩效的表现越不同。另外,对风险项目和风险企业家的评估需要专业化的技能,多个参与者共同通过的决策要比仅有某一个参与者通过的决策更有效率,即两个参与者共同通过的决策可以降低决策的不确定性(Sah & Stiglitz, 1984)。资源获取广度大的投资机构,借助联合风险投资网络补充或扩大组织内部资源范围的能力越强,资源获取的数量越多,范围越大,获取的冗余资源越多。在动态的经营环境中,冗余多的投资机构比冗余少的投资机构更适应外部环境的变化,有助于组织调整其战略选择,削弱外部环境变化对企业造成的威胁,降低决策者受外部环境变化的影响程度,从而在一定程度上降低企业风险,因此有充分的能力开发利用环境提供的机会,选择到高质量的风险项目的可能性越大,从而改善投资机构的绩效。

其次,在项目监督与提供增值服务过程中,创业企业家可能会追逐自身利益或降低努力程度,从而伤害投资机构的利益,出现所谓的委托—代理问题,也即投资机构面临的道德风险。获得更多更全面的有关风险企业家和企业的信息,能够减少投资机构与创业企业家之间的信息不对称,提高风险投资机构参与监督的效率。投资于风险项目以后,投资机构会密切参与到风险项目的经营管理活动中。投资机构会帮助创业企业确立人力资源政策(Hellmann & Puri, 2002),重新雇用主要管理人员(Gorman & Sahlman, 1989),选择战略合作伙伴(Lindsey, 2008),确立产品的市场营销战略,拓宽产品的用户范围,联系投资银行、会计师事务所、律师事务所等中介机构提供中介服务等(Sahlman, 1990)。风险投资机构为投资项目提供增值服务需要资源,但任何一个投资机构的资源都是有限的,资源获取广度大的投资机构可以通过更多的渠道获取自身所需的资源,更多、更准确的相关信息以及管理资源和适应合作的能力是风险投资机构发展的关键(Verwaal, Bruining & Wright, 2010),对项目的审查效率和准确性会更高,会减少潜在的逆向选择行为(Bachmann & Schindele, 2006)。引入更广泛的专家知识和技能参与风险企业的管理,可以提升监管能力、降低监管成本(Lerner, 1994)。另外,风险投资的对象多是不确定性大的高科技企业和中小企业,发展前景、盈利空间和竞争压力都很大,可能会导致项目选择时的逆向选择问题,导致信息收集成本很高。资源获取广度大的投资机构可以有效地进行信息搜寻,可以通过风险投资网络获取较远投资项目的信息,从而降低地理距离所导致的障碍,也可以通过将竞争对手纳入合作的范畴而尽可能地获取更多的信息。

因此,资源获取广度有助于提高风险投资机构的投资绩效。

3.3.3.2 资源获取深度与投资绩效

从风险投资运作过程来看,不论是投资前的项目选择与评估,还是投资后的监督与增值服务,都需要投资机构拥有可靠的、有价值的信息。

首先,项目的选择与评估过程中,需要有效的资源,而有效资源来源于基于互惠和信任的伙伴关系。资源获取深度越大的投资机构,与伙伴间的互惠程度越高。项目的选择与评估过程中,投资机构间通过互惠获取到的项目流和项目信息越多,获取的可靠信息越多,选择到高质量的风险项目的可能性越大。拥有对项目流、行业、市场环境等准确信息的风险投资机构,可以更快地发现潜在的市场机会,评估潜在的机会价值,成功地适应外部环境变化,有助于组织调整其战略选择。通过与伙伴的紧密合作,有助于推动隐性知识的转移。另外,有效的资源来源于基于信任的伙伴。由于信任紧密的网络关系,伙伴间资源交换的可靠性较强。相互信任和默契的伙伴关系,会进行更有效率的合作,同时它们对另一方拥有何种信息以及信息的价值具有清晰的认识,从而会避免机会主义"搭便车"的行为,减少信息成本,提高评估的效率。投资机构间基于信任的关系,趋于稳定和持久。这种基于信任的伙伴间关系可以促进共有规范的形成,促进相互学习,有助于投资机构对风险项目和风险企业家的评估,对防止机会主义行为、提高知识转移都具有重要的作用。

其次,项目监督与提供增值服务过程中,投资机构会提供风险企业战略咨询、推荐人力资源、辅导上市等增值服务,已有研究证明了投资机构所提供的增值服务对于风险项目发展的重要性。解决信息不对称问题,提供有效的增值服务,是提高投资绩效最直接的途径。资源获取深度表明了投资机构是否具有信息优势,能够解决风险投资家与风险企业家间因信息不对称而出现的道德风险,降低了风险企业家的机会主义行为。获取更具价值的有关风险企业家和风险项目的信息,可以有效缓解事后信息不对称所导致的代理问题和道德风险,提高监督的能力。另外,投资机构间相互信任的合作分享,还能促进合作双方建立相容的系统与文化,有助于更好地理解各种隐性知识,加快学习过程,提高风险投资机构参与监督的效率。

因此,资源获取深度有助于提高风险投资机构的投资绩效。

3.3.3.3 资源获取效度与投资绩效

网络资源对价值创造会由于这些资源的补足性而不同(Lavie,2006)。从风险投资运作过程来看,不论是投资前的项目选择与评估,还是投资后的监督与增值服务，都需要投资机构拥有足够多、互补性强的非冗余信息。资源基础观认为，异质性资源是企业竞争优势的内生来源。资源获取效度就是投资机构将自身内部资源与伙伴资源进行整合的过程，表现为风险投资机构与其联合伙伴间资源的互补性。

首先，在目的选择与评估过程中，投资机构如果可以获取到更多非冗余的有关投资机会的信息，就可以扩大可供选择的项目集合。这一特征会对其他投资机构产生一种吸引，也即其他的投资机构更愿意与其合作。为获得合作机会，其他投资机构也会拿出自身所拥有的投资机会与这个投资机构进行交换，从而项目选择集合得以进一步扩大。

在项目评估过程中，投资机构缓解逆向选择问题的首要途径是获取更多的有关创业企业家和风险项目的信息。资源获取效度高的投资机构可以获得非重复的"第二者意见"，非重复的异质性知识（Rodan，2010），从而可以缓解类似的"第二者意见"所导致的低效率乃至偏误，提高项目选择决策的效率。对于风险投资机构而言，项目评估需要的不仅是信息，同时需要专业知识。资源获取的互补性具有促进组织学习的功能，有机会从不同的合作伙伴那里获取到异质性的知识，从而扩充自身的知识存量并提高项目评估能力。此外，获取异质性知识对于投资机构的知识创造有很大帮助，而知识创造又是投资机构适应新环境、面对新挑战的关键环节。

其次，投资机构可以通过联合风险投资网络获取异质性的资源为风险项目提供增值服务（Sorenson & Stuart，2001）。资源获取效度高的风险投资机构，与伙伴间的多重联结促进了伙伴间关系质量的提升，对网络中伙伴的信息有更全面的了解，具有较高的知识转移主动性，有利于知识资源获取，更可能获取多样化的资源，可以更多地获得附加的信息收益，进而能够改进对创业企业的甄别，并且能够为企业提供有效信息，建议的可能性越高，增值能力也越强。另外，从投资效率角度而言，合作关系最好是"非重复关系"，而最小化合作伙伴之间的冗余联系，避免了资源的重复与浪费，能够与联合伙伴进行深入的合作，互为学习，提高对企业提供增值服务的能力。资源获取效度高的投资机构还有更多的机会获取重要的隐性知识，能通过获取多种信息进行比较来保证获得信息的准确性，资源整合所花费的时间越少，整合速度越快，越有利于风险投资机构利用已有的资源理解和解释市场信息及创业机会，也有助于风险投资机构之间的集体学习，帮助创业企业把握创业机会并实现机会价值，收获更好的投资绩效。因此，资源获取效度有助于提高风险投资的投资绩效。

综合以上分析，投资绩效的提升离不开网络资源的获取，而风险投资机构必须提高资源获取的广度、深度和效度，才能有效地完成项目选择与评估，项目监督与增值服务的提供。因此本书提出以下假设：

假设6a：风险投资机构资源获取广度对投资绩效具有正向影响。

假设6b：风险投资机构资源获取深度对投资绩效具有正向影响。

假设6c：风险投资机构资源获取效度对投资绩效具有正向影响。

3.3.4 资源获取的中介作用

从前文的分析中可以发现，投资机构依赖联合风险投资网络获取资源，通过积累、整合这些资源而提高绩效。网络位置因为结构而获得了位置优势，对资源获取的广度、深度、效度产生影响，进而影响项目选择与评估和投资后的监督与增值服务的投资过程，网络位置为投资机构提供了提升投资绩效的机会和平台。但网络位置只是因为结构而获得了位置优势，而真正对投资绩效起作用的是网络内容，即资源获取特性对绩效的影响。基于资源的网络行为是将网络位置向投资绩效转化的重要传递机制。这隐含了投资机构网络位置对投资绩效的影响是通过资源获取实现的。综上所述，风险投资机构网络位置通过资源获取而作用于投资绩效。投资机构的网络位置对投资绩效的直接作用会随着资源获取效果而改变，资源获取在网络位置对投资绩效的影响中发挥中介作用。由此，本书提出以下有关资源获取的中介路径的假设：

假设7：风险投资机构中心性位置通过资源获取的中介路径影响投资绩效。

假设8：风险投资机构结构洞位置通过资源获取的中介路径影响投资绩效。

3.3.5 投资策略的调节作用

风险投资策略由于能够有效降低不确定性、分散和控制风险而广受关注。秉持资源基础观的学者认为，决定风险投资成败的关键在于机构能否掌握不可复制的知识、技能和关系资源。风险投资策略不仅对投资绩效具有直接的影响，更能推动组织间资源的共享、整合与利用，对联合风险投资网络的成功和投资绩效产生影响。风险投资机构用于管理和平衡投资风险及收益的策略包括：投资行业、企业发展阶段以及投资地域的选择（Gupta & Sapienza，1992；Dimov, Shepherd & Sutcliffe，2007；Tian，2010）。因此，本书主要从行业多样化、分阶段投资、本地偏好三个方面,分析投资策略对资源获取中介效应的调节作用。如图 3-6 所示。

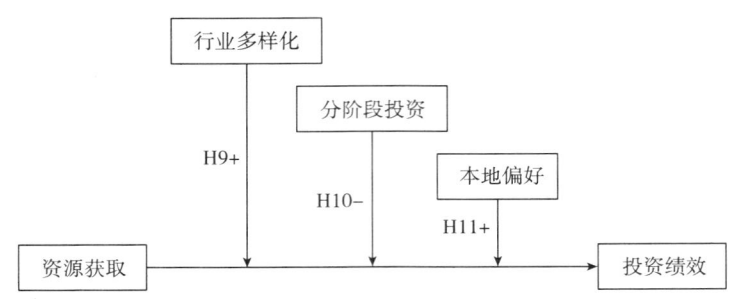

图 3-6 投资策略的调节效应

3.3.5.1 行业多样化的调节作用

大部分风险投资机构有一定的投资行业限制,资历经验不同的风险投资家在不同投资周期选择投资对象的偏好倾向不同,专业化或多样化会影响风险投资机构网络资源的获取与利用,以及对网络资源的依赖。

第一,行业多样化对风险投资机构网络资源获取的影响。风险投资过程要用到高度专业化和非常复杂的知识。这些知识中,有些是显性的、可编码的。比如尽职调查程序,契约设计,项目评估模型与方法。有些知识则是隐性的,不可编码。比如对投资机会的识别,处理与创业企业家的合作关系等。由于不同风险投资家的专业化训练经历不同,不同风险投资机构涉猎的行业更是千差万别,因此不同风险投资家的显性知识和隐性知识有很大的差异。相较于投资于特定行业的风险投资机构,在不同行业开展业务的风险投资机构能从多样化的环境中接触到大量不同种类的信息,多样化投资机构因其专业知识涉足的领域更为广泛,更容易获得更多的外部资源。另外,多样化风险投资机构在更多领域的投资经历,可以促进组织学习,促使其研究和改变,做出具有竞争力的选择,因此他们会拥有更多内部能力,使用网络资源的能力更高。多样化的机构拥有更多的有关潜在投资机会的处理能力(Farina,2010),可能的原因有:①专业化程度会影响企业信息转介交换的能力。在多个领域开展业务的"多面手"机构因其掌握的专业知识的多样性,更容易识别和译码获得的信息,更容易进行信息资源的交流与共享。②多样化程度的高低在影响企业转介交换能力的同时,也会影响企业受益于网络间信息交换的能力。具有较高的网络中心性的多元化风险投资机构能够更好地受益于从合作伙伴处收到的信息，因为相较于许多专业化公司，多样化公司在不同的市场中开发利用新机会的优势能力更强。而专业化的机构处在一个同质化的学习环境中，可能会限制信息采集能力，培养惯性和惰性，影响其获取和使用网络资源的能力，并最终影响其绩效的提高。从获得项目邀约的过程看：网络中心性可以使专业化投资者和多样化投资者都获得大量的参加联合投资的邀请，但多样化机构因其获得各种不同邀请的能力较强，相较于专业化机构会获得在不同细分市场经营的更好的机会（Pollock, Porac & Wade, 2004）。通常情况下，多样化机构的内部资源在大量不同的行业中显得更有效。这意味着，当多样化机构收到邀请投资不同细分市场时，他们更有可能接受，因为他们已经在这些领域有所经营。相反，专业化程度较高的机构因其内部能力的局限性，他们从收到的邀请中获益较少，只有当专业化机构接收到的邀请涉及他们领域的专业知识时，才能从中获益。因此，风险投资机构的高专业化水平会减少其从网络位置的获益，因其缺乏内部能力来利用网络位置带来的机会。换句话说，专业化机构只能在其专业领域内构建联盟，使其不能充分利用从良好网络位置中获得的机会。

第二，行业专业化或多样化对投资机构对网络依赖的影响。相较于多样化的风险投资机构，专业化程度较高的风险投资机构对联合风险投资网络的依赖程度会比较低，从而使得网络位置对投资绩效的影响表现没有多样化机构那样明显。专业化程度较高的风险投资机构往往专注于一个或几个特定的行业、区域和阶段，使得风险投资机构能更好地理解特定投资发展阶段、地域和行业的特点，从而做出更好的决定，并对来源于联合风险投资网络的投资机会信息的依赖程度降低；风险投资家必须对特定行业或阶段的风险进行深入了解，而不必要通过联合风险投资网络去获取所投资企业的相关信息，使得所投资企业难以掩盖对自己不利的信息。因此，专业化的风险投资机构主要通过自身积累难以模仿的内部资源和能力来获得竞争优势。相同类型的投资（投资于某一行业或某一阶段）可以通过"学习效应"，应用前次投资中获取的技巧提高甄别投资项目的能力、增值服务的能力、管理所投资企业的能力等，而不仅仅依赖于联合投资伙伴的有关投资技巧，投资于有限的行业、地域和发展阶段使得风险投资公司的投资组合之间可以有效地分享经验，而不仅仅是依靠联合风险投资网络来获取信息经验（De Clercq & Dimov, 2004）。如从投资项目选择过程来看，专业化风险投资机构对其业务集中的少数行业市场和阶段有深刻的理解，而对其他细分市场缺乏有用的能力，必然会优先考虑投资于其熟悉的行业，谨慎投资于机构本身不那么熟悉及专业性很强的行业。投资于机构本身熟悉的行业有很多好处：可以使得机构对风险企业、风险项目的选择与判断更加有把握，更加容易选到比较有前景的风险项目；另外，专业化的风险投资机构容易对风险企业实施监督，了解其发展真实状况，最终有利于风险投资机构决定其最佳投资时机以及最佳退出时机，维护自身利益。这种情况下，限制了他们充分利用从网络中心位置获得的机会。

因此，本书认为行业多样化投资策略能够加强资源获取与投资绩效之间的关系。结合前文的分析，资源获取是网络位置影响投资绩效的中介路径，而资源获取对投资绩效的影响关系又受到行业多样化投资策略的调节作用影响。因此得到以下假设：

假设9：资源获取对网络位置与风险投资机构投资绩效的中介效应随着行业多样化程度的增加而增大。

3.3.5.2 分阶段投资的调节作用

从风险投资机构项目阶段的选择偏好来看，风险投资机构在投资阶段的选择上存在着明显的差异，表现在倾向于早期项目还是后期项目（Robinson，1988）。其原因表现在：在投资阶段的前期，关于投资项目的信息的不确定性程度很高，项目可行性很低，存在严重的信息不对称。而在创业企业后期阶段，投资项目日渐成熟，信息不对称程度逐渐减弱，投资项目的不确定性也逐渐减少（Bygrave，1988）。因此，不同发展阶段的创业企业需要进行的监督和提供的增值服务不同，投资机构需要掌握的管理技巧和关注点不同。投资早期阶段的风险投资机构，更偏好高风险、高收益，需要具备随时退出和随时介入管理的能力，因为风险投资机构需要有敏锐的管理能力来及时退出面临失败的企业，及时介入需要管理的创业企业。投资后期阶段的风险投资机构，属于风险厌恶型，更加关注创业企业自身的管理能力和创业企业家的努力程度。因此，投资不同发展阶段的风险投资机构应对创业企业发展的要求和适应能力是不同的，风险投资机构大多会采用分阶段的投资策略。

从单个项目的投资来看，风险投资活动中因严重的信息不对称而导致的道德风险等委托—代理问题，使得高风险的风险投资市场变得更加不确定。不确定性程度越高、信息非对称越严重、监督难度越大、创业者的人力资本越关键以及企业的有形资产越少，风险投资采取阶段融资的可能性越大（Bienz & Hirsch，2012），分阶段投资缓解代理风险的作用越大。风险项目的选择，尤其是投资后项目的增值服务的提供，要求风险投资机构具有专业的投资经验，有效协调风险投资家与企业家之间的关系，使得风险投资家的经验和知识向创业企业转移（Grant & Baden-Fuller, 2004; Simon, 1991; Heeley & Matusik, 2006）。投资阶段集中的风险投资机构，可以使其在专业领域内构建联盟，利用网络位置的优势，推动组织间资源的共享、整合与利用，为解决复杂问题提供更大的选择余地，寻找新颖的解决方法。大量研究证明，投资阶段集中的风险投资机构降低了其投资组合公司失败的比例（Dimov & Clercq, 2006），对投资绩效（成功退出率）有显著的正向影响（De Clercq & Dimov, 2004）。选择特定阶段进行专业化投资对投资绩效（成功退出率）具有积极影响（李严等，2012），风险投资机构能在项目选择时对企业的发展前景做出更准确的判断，可以更深入地了解行业的复杂性，有利于发现创业企业隐藏的负面信息，使得风险投资家能够收集有关项目发展潜力信息、监控企业进程并动态配置各项权利，有助于风险投资家避免将资金投向坏的项目。在项目投资后能帮助被投企业克服该领域难题，有助于发现创业企业发展特定阶段潜在的风险，并提供建议和解决方法（Matusik & Fitza, 2012）。有助于对风险企业家形成有效的约束，减少由于决策不当所造成的潜在损失，避免将资金投向质量不高的项目（Cumming & MacIntosh, 2001），提升被投资企业的价值。

另外，分阶段投资使得风险投资机构在每一轮投资之前都需要投入大量的时间和精力去调查风险企业，并进行谈判、重新起草新的契约合同，这些都将增加风险投资机构谈判与契约的成本（Tian, 2010），还会提高风险投资机构将特定的行业知识转换为一般知识的成本（Jensen & Meckling, 1992）。同时，大多数的风险投资机构发展不够成熟，风险投资家的人力资本有限，分阶段投资导致风险投资机构在不同发展阶段创业企业的投入过于单薄（Jenner, 2013），需要明确的制度或规则来支持各种资源的共享与协调（Kogut & Zander, 1992），多元化投资的优势无法完全显现（Matusik & Fitza, 2012），不利于风险投资机构对各个企业的运作细节做出评判，也不利于应对该企业特定阶段的不确定性事件，风险投资机构有效评估和管理某特定阶段初创企业的能力随着分阶段投资程度的提高而降低。

因此，本书认为分阶段投资策略减弱了资源获取与投资绩效之间的关系。结合前文的分析，资源获取是网络位置影响投资绩效的中介路径，而资源获取对投资绩效的影响关系又受到分阶段投资策略的调节作用影响。因此得到以下假设：

假设10：资源获取对网络位置与风险投资机构投资绩效的中介效应随着分阶段投资程度的增加而减弱。

3.3.5.3 本地偏好的调节作用

理论和实践表明，风险投资机构具有一定的空间特性，风险投资机构在实际的地理空间中占据不同的地理位置，并且从整体上表现出区域集聚。风险投资机构在投资风险项目时，往往表现出与投资组合间不同的地理距离选择偏好。从风险投资机构与投资组合间地理距离的远近看，本地偏好程度低有利于风险投资机构扩大信息源、增加备投项目的搜索范围，从而有效筛选出高质量的投资机会；还会迫使风险投资机构提高努力水平或者通过联合与风险企业地理距离近的投资机构来近距离监控风险企业（Sorenson & Staut，2001，2008）。而本地偏好程度高有利于风险投资机构提高获取信息渠道的有效性，风险投资机构能够从管理者、中介等本地企业、本地的个人关系中获得重要的信息（Cumming & Johan，2006），有效缓解逆向选择问题（Casamatta & Haritchabalet，2007），降低所选项目的不确定性；有利于投资后风险投资家与创业企业家们进行频繁的面对面沟通，减少交通成本、提高效率（Lerner，1994）。

本地偏好程度高的风险投资机构，在信息源有效性和降低监控成本方面具有优势。机会识别与评价过程中，由于风险投资家只能从企业家、相关的会议、个人和组织网络提供的商业计划中了解到可能的投资机会，没有相应的证券交易、金融网站、金融分析等数据作为投资选择的参考，因此要有效筛选出高质量的投资项目（Keil, Maula & Wilson，2010；Guler & Guillén，2010），从而获得更多的投资机会，需要减少信息的搜寻范围。风险投资机构与风险企业的信息不对称比公开企业投资更严重（Hsu，2004；Engel & Keilbach，2007），风险投资有别于一般的投资，需要参与被投企业的管理，要求风险投资家与创业企业家保持联系。本地偏好程度高有利于风险投资机构提高获取信息渠道的有效性，风险投资机构能够从管理者、中介等本地企业、本地的个人关系网络中获得重要的信息，有效缓解项目选择过程中因事前信息不对称所导致的逆向选择问题，并提高项目选择决策的效率，降低所选项目的不确定性（Casamatta & Haritchabalet，2007）。本地偏好程度高，风险投资机构可以获得更真实全面的信息，可以降低投资于"柠檬"项目的可能性（Cumming，2006）。投资后的监控与增值服务过程中，风险企业家可能会追逐自身利益或降低努力程度，从而伤害投资机构的利益，出现委托—代理问题。本地偏好程度高有利于风险资本家经常性地光顾投资项目，能够减少交通成本、监督项目的进展,并且能够提高沟通效率(Sorenson & Stuart, 2001),并收集必要的信息(Gorman & Sahlman, 1989),提供有效的增值服务,降低创业企业家的道德风险。风险投资机构本地偏好程度高,更有利于从获取到的信息中进行有效的筛选,能将内外部资源进行更有效的利用,选择质量更高的项目,并减少监控成本、及时提供有效的增值服务。风险投资机构的资源禀赋有一定的地理局限性,地理距离的增加,提高了信息不对称程度和交易成本,风险投资机构在投资机会筛选、项目评估等方面的优势受到挑战,需要花更多精力和成本鉴别柠檬项目,后续监管和增值服务成本也会上升。地理邻近能降低代理成本(Cumming & Johan, 2006)、带来更多的信息优势(Malloy, 2005),带来更高的投资回报和退出回报(Ivković & Weisbenner, 2005)。

因此,本书认为本地偏好投资策略增强了资源获取与投资绩效之间的关系。结合前文的分析,资源获取是网络位置影响投资绩效的中介路径,而资源获取对投资绩效的影响关系又受到本地偏好投资策略的调节作用影响。因此提出以下假设:

假设11:资源获取对网络位置与风险投资机构投资绩效的中介效应随着行业多样化程度的增加而增大。

3.4 本章小结

本章是全书的核心章节,在书中起承上启下的作用。本章在上一章文献梳理的基础上,对相关概念进行了分析及界定,从理论层面分析风险投资机构的网络位置、资源获取、投资绩效、投资策略之间的相互关系,并提出可检验的研究假设以对理论分析的结论进行实证检验。本书假设汇总见表3-2。

表3-2 本书提出的假设汇总

	假设序号	假设内容
网络位置—投资绩效	假设1	风险投资机构的网络中心性对投资绩效存在倒U形影响
	假设2	风险投资机构占据结构洞的数量对投资绩效存在倒U形影响
	假设3a	风险投资机构占据结构洞的数量和网络中心性的交互对投资绩效有正向影响
	假设3b	风险投资机构占据结构洞的数量和网络中心性的交互对投资绩效有负向影响

续表

	假设序号	假设内容
网络位置—网络行为	假设4a	风险投资机构的网络中心性对资源获取广度具有正向影响
	假设4b	风险投资机构的网络中心性对资源获取深度具有正向影响
	假设4c	风险投资机构的网络中心性对资源获取效度具有负向影响
	假设5a	风险投资机构占据结构洞的数量对资源获取广度具有正向影响
	假设5b	风险投资机构占据结构洞的数量对资源获取深度具有负向影响
	假设5c	风险投资机构占据结构洞的数量对资源获取效度具有正向影响
资源获取—投资绩效	假设6a	风险投资机构资源获取广度对投资绩效具有正向影响
	假设6b	风险投资机构资源获取深度对投资绩效具有正向影响
	假设6c	风险投资机构资源获取效度对投资绩效具有正向影响
资源获取中介效应	假设7	风险投资机构中心性位置通过资源获取的中介路径影响投资绩效
	假设8	风险投资机构结构洞位置通过资源获取的中介路径影响投资绩效
投资策略调节效应	假设9	资源获取对网络位置与风险投资机构投资绩效的中介效应随着行业多样化程度的增加而增大
	假设10	资源获取对网络位置与风险投资机构投资绩效的中介效应随着分阶段投资程度的增加而减弱
	假设11	资源获取对网络位置与风险投资机构投资绩效的中介效应随着本地偏好程度的增加而增大

4 研究设计

第 3 章在理论分析的基础上提出研究假设。在接下来的两章，本书将对研究假设进行经验检验。本章主要论述经验检验所使用的样本数据、变量以及模型。

4.1 数据来源

4.1.1 数据收集

目前国内只有清科和 CVSource 这两个大型商业数据库可以提供大样本的风险投资数据。由于清科数据库和 CVSource 数据库的数据在时间跨度、统计口径、分类标准等方面存在很大差异，使这两个数据库的数据很难融合一并使用，因而本书使用的数据来源于 CVSource 数据库。

本书使用从 2007 年 1 月 1 日至 2017 年 12 月 31 日时间范围内的 CVSource 中融资事件的数据。对错误和缺失的数据，通过清科数据库、网络或电话咨询等尽量补齐[1]。为了避免出现抽样偏误，我们对最终采用的样本和总样本数据在投资行业、投资经验、区域分布等方面进行了差异比较，检验结果表明采用的数据和总样本数据在各方面并不存在显著的差异，并不存在抽样偏误的问题。

本书以三年为时间窗，使用的数据分为三组。2007 年 1 月 1 日至 2009 年 12 月 31 日之间的联合投资数据作为测度网络位置的样本[2]，2009 年 1 月 1 日至 2012 年 12 月 31 日之间的联合投资数据作为资源获取的样本，2013 年 1 月 1 日至

---

[1] 若清科数据库补充的数据与投资机构或风险企业补充的数据不一致，我们采用 CVSource 提供的数据。

[2] 投资者中不包括天使投资者和企业战略投资者。

2017年12月31日之间的退出数据作为投资绩效的样本,本书共收集到119家风险投资机构,1539轮风险投资事件。

本书的研究思路是把过去的网络位置与现在的网络资源获取行为以及未来的投资绩效联系在一起。具体而言,对于每一轮投资,本书以投资前3年为时间窗来测度投资机构的网络位置,以现在的3年为时间窗来测度投资机构的资源获取行为,再观察之后的退出情况。通过将样本数据分组,可以把过去的网络位置与现在的资源获取以及未来的退出依据时间联系起来,避免出现相反的因果关系。

4.1.2 联合风险投资网络构建

本书中,网络位置、资源获取两个变量的测度主要来源于联合风险投资网络的数据,因此联合风险投资网络的构建是重要的工作。根据前文联合风险投资网络所述,其网络边界是基于参与者的联合投资关系。除了关系的确定,还要明确关系形成的边界,一般会采用时间、区域等作为边界,联合风险投资网络通常采用时间作为边界,考虑时间的起点和终点。一般会选取三年、五年或七年作为联合风险投资网络构建的时间窗。Piskorski(2004)使用1979~1998年移动时间窗构建联合风险投资网络。Hochberg、Ljungqvist和Lu(2007)构建了计算机相关企业位于不同地区的5年时间窗的联合风险投资网络。t年度的网络是由截至t-1年度的前5年联合数据构建的。Nisar等(2007)采用3年时间窗构建研究风险投资机构进入和退出网络对网络结构及投资绩效的影响。Sorenson和Stuart(2008)采用5年时间窗,用t-5年度的联合投资事件构建联合风险投资网络。Jääskeläinen(2009)采用滚动的3年时间窗,选取t-3年度的联合投资构建联合风险投资网络。

已有风险投资的研究中,基于联合数据进行社会网络分析具有许多优势:风险投资数据库的开放和联合数据的易得性;投资数据较为完全、客观地记录了投资机构在不同时间点上所进行的投资活动信息;持续更新,各投资数据库都以一定的时间周期进行数据更新。因此,本书联合风险投资网络的构建也以一定时间窗内发生联合投资的数据为基础,确定网络中的投资机构及投资机构间的关系。联合投资有广义与狭义的概念:狭义的联合投资是指两个(含)以上的投资机构共同投资于某一特定轮次;而广义的联合投资是指共同投资于某一特定项目的投资,投资的时间可以不同。本书采用广义概念。关于风险投资机构网络数据的收集和处理方法,我们使用UCINET软件,通过在软件中输入时间窗内联合风险投资机构的对称邻接矩阵,利用风险投资机构联合关系形成的邻接矩阵计算联合风险投资网络中各项网络相关的指标值。因此,本书采用3年时间窗构建联合风险投资网络,计算网络位置和资源获取的情况。

4.2 变量选取与测度

4.2.1 被解释变量

本书中的被解释变量为风险投资机构的投资绩效。对于这一变量,有两种测度方法:一种是直接测度法;另一种是间接测度法。直接测度法是指使用收益类数据直接度量投资机构的投资绩效,很多风险投资的相关研究都采用内部收益率来测度投资绩效。间接测度法是指使用与投资收益相关的非收益类数据来间接度量投资机构的投资绩效。由于投资机构的投资收益最终都要通过退出来实现,而且不同退出方式下投资机构的投资收益往往差异很大,因而使用退出方式来间接度量投资绩效是国内外相关研究中最为常见的一种做法,而且这一做法的有效性也为已有研究所证实。常用的指标有退出类型(De Clercq, 2008)、退出时间(Hochberg, Ljungqvist & Lu, 2007)、风险企业存活期(Hochberg, Ljungqvist & Lu, 2010)、IPO比例(Jääskeläinen, 2009)等。由于风险投资机构的投资收益往往是非公开的,对于投资机构的投资收益,很难得到可靠的大样本数据。因此,国内外同类研究大多采用间接法来度量投资机构的投资绩效。

关于风险投资绩效的测量的主要文献如表4-1所示。

本书的因变量为风险投资机构的退出绩效,当风险投资机构从风险企业退出时,其投资收益就得到了实现。在退出时,风险投资机构通过出售其股份、并购或者通过股票公开发行(IPO)实现收益。在这个阶段,风险投资机构融资对风险企业不再具有意义,因此,退出可以作为风险投资机构风险企业风险融资的一个节点。作为外部观察者,因为缺少公共信息,因此度量风险投资机构绩效是很困难的。所以,通过成功退出作为度量风险投资机构投资绩效是一个不错的方式。尽管只有一小部分风险投资是通过IPO退出的,但IPO是创造最大价值的一种退出方式(Bygrave & Timmons, 1988; Gompers & Lerner, 1999)。除此之外,并购也是风险投资机构实现退出比较好的选择,其为风险投资机构带来的收益位于 IPO 之下,但优于其他的退出方式。由于 IPO 可以为风险投资机构带来最大的价值,因此,从国内外风险投资实践和理论研究成果可知,IPO 和并购(M&A)是最重要也是投资机构投资收益最为丰厚的两种退出方式。退出期限是又一用来间接度量投资绩效的常见变量。退出期限会影响投资机构在风险资本市场的声誉和影响力(Gompers, 1995),并影响投资机构的筹资能力(Gompers & Lerner, 1998)、讨价还价能力(Hsu, 2004),因而退出期限也是测度投资绩效的重要变量。

表 4-1 风险投资绩效的测量

分析内容	主要研究	绩效测量	效果
Syndicate Size	Brander 等(2002) Hege 等(2008) Giot 等(2007) De Clercq (2008) Guler (2007)	IRR IRR Time to Exit Exit Type Risk of Success (IPO/Acquisition)	Positive Positive Positive Positive No Effect
Syndicate Composition	De Clercq (2008) Du (2008) Mason 等(2002) Kotha (2008)	Exit Type IPO/Acquisition Exit IRR IPO Acquisitionexit	Positive Positive No Effect Positive
Network	Hochberg 等(2007) Hochberg 等(2007) Walske 等(2007) Jääskeläinen (2009)	Time to Exit Survival of Venture IPO Risk of Exit	Positive Positive Positive Positive

本书采用退出方式和退出期限来间接度量风险投资机构的投资绩效。

(1)是否成功退出,即风险投资机构是否通过 IPO 或者 M&A 方式退出。具体而言,本书观察某一家风险投资机构在 2013 年 1 月 1 日至 2017 年 12 月 31 日期间 IPO 或 M&A 是否成功退出,退出赋值为 1,否则赋值为 0。

(2)退出期限。对于在 2017 年底之前成功退出的投资轮次,退出期限为从投资时起至退出时止的总月数;对于在 2017 年底之前没有成功退出的投资,退出期限做右截取(Right Censoring)处理,截取日期为 2017 年 12 月 31 日。

4.2.2 解释变量

根据文献综述中网络位置的相关研究，网络位置主要从中心性和结构洞两个方面衡量，选用一个或几个社会网络分析方法中的指标分别进行测度。因此，本书的解释变量，风险投资机构网络位置也从中心性和结构洞两个方面来测度。

社会网络研究中，网络中心性的指标常用出度中心性、入度中心性、程度中心性、特征向量中心性和接近中心性来测量。对于风险投资机构的联合网络，根据国内现有数据库中的数据很难获取到有向数据，很难测出度中心性、入度中心性。另外，程度中心性适用于无方向的数据，用来度量行动者网络联结的数量。特征向量中心性的目的是找出最中心的行动者，它根据网络联结重要性的不同进行了加权处理，是度量接近中心性的一个指标（Bonacich, 1972）。相比其他指标，特征向量中心性研究的目的是在总体网络结构的基础上，找到最居于核心的行动者，它并不关注联结的方向、联结的数量，并不比较"局部"的模式结构。本书使用特征向量中心性来度量风险投资机构中心性位置①。

对于结构洞网络位置的度量，已有研究主要有两种思路：一是使用中介中心性（Betweenness Centrality）来度量（Freeman, 1979）。中介中心性测度的是一个个体在多大程度上成为各个他者的桥梁或在多大程度上能控制他人，可以用来衡量一个活动中的投资机构在联合中获得异质信息的能力。二是使用 Burt（1992）提出的有效规模、效率、限制度和等级四个指标来度量。从已有文献的情况来看，这两种思路都得以大量应用。在针对联合风险投资机构网络的相关研究中，学者们大多使用中介中心性从结构洞的角度度量投资机构的网络位置（Hochberg, Ljungqvist & Lu, 2007; Guler & Guillén, 2010; Abell & Nisar, 2007）。由于本书联合投资网络的构建是基于整体网络的视角，Burt 提出的测度结构洞的四个指标难以计算，因此为了更好地得出本书的研究结论，同时参考现有的国外相关研究结论，本书对风险投资机构网络位置中结构洞的度量采用中介中心性这一指标。

4.2.3 中介变量

本书中介变量是资源获取，根据前文所述，将资源获取分为资源获取广度、

---

① 由于有大量的文献可以查找到程度中心性、特征向量中心性、点出度中心性、点入度中心性以及中介中心性的计算公式，因而本书不再给出。具体算法，可查阅如下文献：Bonacich（1972）、Freeman（1979）、Wasserman 和 Faust（1994）、罗家德（2010）、刘军（2004）。

资源获取深度、资源获取效度三个维度。资源获取广度主要指风险投资机构获取网络资源的数量与范围;资源获取深度主要指风险投资机构资源交换的可靠性;资源获取效度主要指风险投资机构获取网络资源的互补性。

4.2.3.1 资源获取广度

根据前文分析,资源获取广度主要指风险投资机构获取网络资源的便捷性,投资机构依赖联合风险投资网络补充或扩大组织的资源,具体表现为资源获取的数量与范围。资源获取广度越大,表明资源获取数量越多,获取资源的渠道越多。根据前文网络资源的相关分析,由于联合风险投资网络中网络资源涉及项目流、资金、投资经验等,尽管资金规模和投资经验可以借鉴已有研究进行统计,但项目流的数据在已有的数据库中很难获取,并且由于资源类型不同,很难将各种资源加总,合并考虑资源数量的影响,因此资源获取广度主要从资源获取的渠道考虑。联合风险投资网络中网络规模越大越有可能实现规模效应,网络关系的多样性有助于投资机构对资源、信息的获取。另外,网络规模越大,表明与联合伙伴的联结越多,密集的成员联结有助于培育共享规范(Uzzi,1996),能够提供知识溢出的好处(Gulati & Gargiulo,1999)。因此,本书采用联合伙伴规模测度资源获取广度。使用风险投资机构在联合风险投资网络中联合伙伴的数量来测度,伙伴数量是指风险投资机构在联合投资过程中形成的网络关系数量总和,也可定义为与企业直接相关联的合作伙伴的数量。本书利用风险投资机构2010年1月1日至2012年12月31日的联合投资伙伴数量来度量投资机构的网络规模。

4.2.3.2 资源获取深度

资源获取深度主要指风险投资机构资源交换的可靠性,风险投资机构通过与伙伴建立信任紧密的网络关系从而共享和交换资源,具体表现为风险投资机构间互惠的程度。资源获取深度的测度可以用自中心网络密度来测度伙伴间关系的紧密程度,关系越紧密,获取的资源质量越好。网络密度越大,表明网络成员的联系越紧密,提供的网络资源越有效,有助于成员间密集的联结,培育知识共享规范(Uzzi,1996),更轻易地发现互补资源和进行相互合作,从而进一步发挥协作效应。但由于本书研究的是整体网,获取到的是整体网的数据,因此无法采用自中心网络密度来测度资源获取深度。根据资源获取深度的定义,风险投资机构间互惠行为是显著基于网络资源的网络行为,因此本书使用平均互惠次数来测度资源获取深度,即风险投资机构在2010年1月1日至2012年12月31日与伙伴重复联合次数除以伙伴数量。

4.2.3.3 资源获取效度

资源获取效度主要指投资机构获取网络资源的有效性,将自身内部资源与伙伴资源进行整合,具体表现为风险投资机构与伙伴间资源的互补性。联合风险投资网络中,风险投资机构在大量的交易中与许多不同的伙伴形成联合投资。对于有多个伙伴、需要进行一对多匹配的风险投资机构来说,采用单一的资源组合方式难以取得良好的联合收益,根据投资项目的特点、联合投资的目的等因素,选择与不同资源水平的伙伴分别进行不同资源的累积或者相似性匹配十分必要(Matusik,2012)。投资机构会将自身具有的资源与从联合伙伴处获取的资源进行有效匹配。联合伙伴的资金、项目流、投资经验是关键的资源,项目流和资金规模的数据缺失较多,因此本书资源的测度主要包括投资经验,指投资机构在某行业投资的累计次数,而风险投资机构与伙伴间资源的互补性,我们参考网络专业化指数的计算(Alexy,Block & Sandner,2012)。网络专业化指数计算的是焦点风险投资机构与其他相连接的投资机构的整体专业化或多样化水平。首先,计算投资机构联合伙伴已经投资的行业多样化的水平;其次,计算每一对投资机构的多样化水平的交叉乘积,其值在0~1,表示两个投资机构聚焦于相同领域的程度,根据时间窗内两个投资机构共同投资一个企业的次数,赋予每个交叉乘积一个权重,就获得一个矩阵;最后,计算矩阵的专业化指数的带权重的均值。最终网络专业化指数的值为1,表示焦点风险投资机构和其伙伴完全投资了相同的领域(专业化的网络),0表示焦点风险投资机构和其伙伴完全投资了完全不相同的领域(多样化的网络)。因此,本书根据后文行业专业化指数的计算结果,使用每个投资机构2010年1月1日至2012年12月31日网络专业化指数来测度资源获取的效度。

4.2.4 调节变量

4.2.4.1 行业多样化

已有多样性的测度研究中,大多数风险投资的相关研究采用赫尔芬达尔指数测度多样化(Dimov & De Clercq,2006)。如 Goerzen 和 Beamish(2005)从非重要的本国合作伙伴、东道国合作伙伴以及合作伙伴所属的不同产业类别来测量企业联盟组合的多样性程度。本书采用2010年1月1日至2012年12月31日所有投资轮次,将行业划分为互联网、电信及增值、IT、能源及矿产、医疗健康以及其他传统行业共6类,采用赫尔芬达尔指数测度行业多样化。

$HHIt$ 指数用来衡量行业多样化,表示风险投资机构在时间窗内联合伙伴投

资项目在各行业的分布情况,其计算公式为:

$$HHIt = \sum_{j=1}^{N}(T_j/T)^2 = \sum_{j=1}^{N} t_j^2$$

其中,T_j 表示投资于第 j 个行业的企业数,T 表示某一风险投资机构总共投资的企业数。计算结果中指数越接近于1说明专业化程度越高,越接近于0说明多样化程度越高。

4.2.4.2 分阶段投资

根据前文分析,当不确定性程度越高、信息非对称越严重、监督难度越大、创业者的人力资本越关键以及企业的有形资产越少时,风险投资越容易采取分阶段投资。因此分阶段投资会影响风险投资机构的投资绩效。本书按照投资轮次A、B、C、D划分为第一轮、第二轮、第三轮和第四轮投资,采用赫尔芬达尔指数测度投资轮次专业化指数。

$HHIs$ 指数用来衡量风险投资机构在时间窗内联合伙伴投资项目在各轮次分布情况,其计算公式为:

$$HHIs = \sum_{i=1}^{N}(S_i/S)^2 = \sum_{i=1}^{N} s_i^2$$

其中,S_i 表示投资于第 i 个轮次的企业数,S 则表示某一风险投资机构总共投资的轮次数。计算结果中,指数越接近于0,说明分阶段投资程度越高。

4.2.4.3 本地偏好

本地偏好是风险投资机构与投资组合间地理距离的远近程度,根据前人研究的测度方法(Coval & Moskowitz, 1999; Cumming & Dai, 2010),本地偏好的计算即基准地理距离与实际投资地理距离的差值占基准地理距离的百分比。其中,基准地理距离为每一个投资机构与潜在可能投资的创业企业地理距离的加权平均,实际投资地理距离为每一个投资机构与实际投资的创业企业地理距离的加权平均。本地偏好的值在0~1,值越大,本地偏好程度越高。

举例:比如有A和B两个风险投资机构,都是在 t 年度投资了IT行业和发展期阶段的风险企业,A投资了创业企业a和b,B投资了c。那么A、B的所有的可能投资就是{Aa Ab Ac}和{Ba Bb Bc},假设投资机构和风险企业间的地理距离是:{Aa = 10;Ab = 20;Ac = 150}、{Ba = 90;Bb = 150;Bc = 30}。A实际投资的地理距离是(10 + 20)÷ 2 = 15,A基准地理距离是(10 + 20 + 150)÷ 3 = 60,A的本地偏好就是(60 - 15)÷ 60 = 75%,同理算出B的本地偏好是67%。说明风险投资机构 A 的本地偏好更强，A 与它投资组合的地理距离较近，更倾向于投资位于其附近位置的风险企业。

根据本地偏好的定义，本地偏好的计算应该包括三个步骤：首先，确定每一个投资机构实际投资的企业及基准投资的企业（即所有可能投资的同行业同阶段同年度的企业）；其次，计算风险投资机构和企业间的地理距离，包括基准地理距离和实际投资地理距离；最后，计算本地偏好值。

由于数据库中获取的数据都是实际发生投资的融资事件，因此还需要确定每一个投资机构所有可能投资的风险企业，即基准投资。由于风险投资机构实际投资时多倾向于选择某个特定行业或某个特定企业阶段进行投资，对于每一个风险投资机构，其投资机会比整个市场提供的选择要少，因此可能的投资组合是受到行业和阶段限制的，其包括与实际投资的风险企业相同年度、相同行业和相同阶段的所有企业。构建基准投资的方法有两步：第一，把所有实际投资的风险企业按行业和阶段分类，为了简化计算，根据前文的样本统计结果，本书将发展阶段分为早期、发展期和扩张获利期三类；第二，将行业分为制造业、信息技术和社会服务及其他行业三类，从而形成一个 3×3 矩阵。对于某一年度的某一个风险投资机构，其投资必然对应矩阵中的一个或多个位置。假设如果不考虑投资距离的影响，风险投资机构可能会投资于其实际投资相同产业相同阶段的任意一个企业，这些企业就构成了基准投资。

关于风险投资机构和风险企业间的地理距离，国外相关研究中主要根据观察对象的邮编信息查询相应的经纬度数据，采用球面坐标距离公式计算地理距离①。

因此，假定在年度 t 有风险投资机构 M 投资了某一行业和阶段的风险企业，而在年度 t 有 N 个同一行业和同一阶段的风险企业，如果没有本地偏好的影响，这 N 个风险企业都可能成为投资对象，那么投资每一个风险企业的权重就是 $\frac{1}{N}$，d_{ij} 代表风险投资机构 i 和风险企业 j 的地理距离，那么风险投资机构 i 基准地理距离即风险投资机构 i 在年度 t 投资这 N 个风险企业地理距离的平均值，即 $d_{iM} = \frac{1}{N}\sum_{j=1}^{N} d_{ij}$，那么本地偏好的测度为：

---

① AB 两点的球面坐标距离算法为：$D = R \times arcCos\ [\ \sin\phi1 \times \sin\phi2 + \cos\phi1 \times \cos\phi2 \times \cos\ (\lambda1 - \lambda2)\ ]$ A 点经度为 $\lambda1$，纬度为 $\phi1$；B 点经度为 $\lambda2$，纬度为 $\phi2$；东经取正，西经取负；北纬取正，南纬取负，R 取地球的直径 6379km。

$$LB_i = \frac{d_{iM} - d_i}{d_{iM}} = 1 - \frac{d_i}{d_{iM}}$$

其中，d_i 表示风险机构 i 实际投资距离，d_{iM} 表示风险机构 i 基准投资距离。如果实际投资的风险企业的行业或阶段超过一个，为 q 个，p 表示阶段行业矩阵中 9 个位置中的一个，W_p 表示在 p 中实际投资的权重，用上面的方法计算出 d_{iM}^p，风险投资机构的基准地理距离是：$d_{iM} = \sum_{p=1}^{9} W_p d_{iM}^p$，实际投资距离是：$d_i = \frac{1}{q} \sum_{j=1}^{q} d_{ij}$，本地偏好测度同上。

4.2.5 控制变量

从风险投资机构投资绩效的相关研究看，对风险投资绩效的影响因素涉及风险投资参与者、外部环境、网络特征等层面，为控制变量的选取提供了思路和依据。依据前人的研究结论，本书主要研究网络特征对投资绩效的影响，因此主要引入风险投资参与者、环境层面的控制变量。具体变量如下：

投资经验。许多研究表明，投资经验对投资绩效具有积极的影响（Kaplan & Schoar, 2005）。现有度量投资经验的方法主要有四种：投资机构的年龄、累计投资轮次、累计投资金额、累计投资企业数（Hochberg, Ljungqvist & Lu, 2007; Nahata, 2008; Gompers, Kovner & Lerner, 2009; Gompers, Kovner & Lerner, 2010）。已有研究对四个指标进行了比较，认为度量投资经验的最佳指标是累计投资轮次（Sorensen, 2007），使用投资机构的年龄度量投资经验不能把活跃投资者与非活跃投资者区分开来，使用累计投资金额和累计投资企业数度量投资经验不能把投资阶段的不同区分开来。所以，本书也使用累计投资轮次来度量投资经验。

投资机构的年龄。研究发现，投资机构的年龄对投资绩效产生影响（Gompers, 1998）。本书在控制变量中引入投资机构的年龄，将其定义为投资时间与投资机构成立时间差，以月为单位。

资本来源。本书按风险投资机构性质将资本来源主要分为中资风险投资机构、外资风险投资机构和中/外资风险投资机构，包含外资的风险投资机构在公司治理水平、经验等方面存在优势，而中资风险投资机构由于发展较晚，因此投资经验可能较少，而且公司治理水平较弱。因此，本书将风险投资机构的资本来源分为含外资和不含外资的，含外资的定义为 1，不含外资的定义为 0。

本书还构建了时间、行业、区域的虚拟变量，考虑时间、行业、区域的固定效应。各变量定义如表4-2所示。

表4-2 变量定义

变量	定义
被解释变量	风险投资机构的退出绩效
是否成功退出	风险投资机构通过IPO或M&A退出,成功退出取值为1,其他情况取值为0
退出期限	风险投资机构从项目投资到退出的时间间隔(月)
解释变量	网络位置
中心性位置	特征向量中心性,根据网络联结重要性的不同进行了加权处理
结构洞位置	中介中心性,行动者占据结构洞的数量,行动者充当网络中介的能力
中介变量	资源获取
资源获取广度	联合伙伴规模
资源获取深度	联合伙伴平均互惠次数
资源获取效度	联合伙伴网络专业化指数
调节变量	投资策略
行业多样化	风险投资机构行业多样化指数
分阶段投资	风险投资机构投资轮次多样化指数
本地偏好	风险投资机构与投资组合间地理距离的远近程度
控制变量	
投资经验	累计参与风险投资轮次
机构年龄	投资机构成立时间与项目投资时间差(月)
资本来源	若风险投资机构有外资成分,取值为1,其他情况取值为0

4.3 模型的统计分析方法

4.3.1 直接效应检验

为了验证本书提出的各项直接效应假设,需要分别对自变量与中间变量、中间变量与因变量、自变量与因变量之间的关系进行回归检验。我们分别对网络位置与投资绩效、网络位置与资源获取、资源获取与投资绩效进行回归。本书采用多元回归方程进行分析。多元回归模型的主要目标在于验证一系列因素作为自变量对于一个因变量的影响是否存在以及这种影响的性质。在数据处理时,本书采用 SPSS 软件对数据进行统计分析。除了一些常规统计描述方法外,主要采用线性回归来分析变量之间的因果关系。

由于投资绩效的测度分别是是否成功退出和退出期限,是否成功退出是一个 0,1 变量,所以因变量为是否成功退出时,经验检验采用二值离散选择模型中使用最为广泛 Probit 模型。模型如下:$P(SE_i = 1 | x) = \phi(\beta_0 + \beta_1 x_1 + \beta_2 x_2 + \beta_3 x_3 + \cdots + \beta_n x_n + \xi_i)$

当因变量为退出期限时,经验检验使用 Cox 比例风险模型,这是因为截至 2013 年底样本中存在没有退出的投资,其退出期限的测度属于截尾数据,相对于指数期限模型、威布尔模型等参数模型而言,Cox 模型的优势在于其是半参数模型,不需要对总体分布做出任何假设,成为期限模型中使用最为广泛的一个模型。在模型中,若某个自变量的系数为正,表明这个变量对风险率有正向影响,变量数值越大,风险率越大,退出期限越短;反之,若某个自变量的系数为负,表明这个变量对风险率有负向影响,变量数值越大,风险率越小,退出期限越长。模型如下:

$$h(t/i) = h_0(t) \exp(\beta_0 + \beta_1 x_1 + \beta_2 x_2 + \beta_3 x_3 + \cdots + \beta_n x_n + \xi_i)$$

上述模型中,$h(t/i)$ 是基准风险函数,即风险投资机构 i 在 t 时刻退出的风险概率。

4.3.2 中介效应检验

中介效应指的是:如果自变量 X 对因变量 Y 有影响,且自变量 X 通过影响变量 M 来影响 Y,那么则称 M 为中介变量,如图 4-1 所示。由于本书假定了资源获取的中介作用,因此需要采用中介效应分析。目前中介效应的分析主要有两类方法:第一类是通过依次判断回归系数显著性的因果步骤分析方法;第二类是系数乘积法。

4.3.2.1 因果步骤法

因果步骤法就是我们在实证检验过程中经常用到由 Baron 和 Kenny(1986)提出的中介效应检验法。一般分三步:第一步对自变量 X 和因变量 Y 的关系进行回归,检验两者之间是否存在直接和显著的相关关系;如果存在某种直接和显著的相关关系,则进行第二步检验,即对自变量 X 和中间变量 M 的关系进行回归,检验两者之间是否存在直接和显著的相关关系；第三步将自变量 X 和中间变量 M 同时放入模型中对应变量 Y 进行回归。如果第三步中的自变量 X 的系数明显降低且不再显著，而中间变量 M 的系数显著，就说明存在完全中介效应；如果自变量 X 的系数减小且显著性降低，而中间变量 M 的系数显著，就说明存在部分中介效应。

4.3.2.2 系数乘积法

前文使用因果步骤法，该方法认为，如果 Y 对 X 的回归系数 c 不显著，即两者之间的直接作用不显著，那么它们之间就不存在中介效应。这一前提条件受到了众多学者的质疑。例如，Shrout 和 Bolger（2002）提出，在 a 和 b 乘积符号与 c' 的符号方向相反的时候，就有可能导致 c 不显著（一般而言，$c = ab + c'$）。不同于因果步骤法，系数乘积法不要求 Y 与 X 之间的直接关系 c 必须是显著的，另外，它直接检验中介效应的大小 ab 是否显著区别于 0，可以得到中介效应大小 ab 的点估计值以及相应的置信区间。因此，系数乘积法在统计检验过程中，逐渐替代因果步骤法而受到学者们的青睐。系数乘积检验法的统计量：

$$z = ab/s_{ab}$$

其中，$s_{ab} = \sqrt{b^2 s_a^2 + a^2 s_b^2}$，$s_a^2$ 和 s_b^2 分别为系数 a 和 b 标准误的平方。具体来讲，系数乘积法根据中介效应的抽样分布状态可以细分为正态分布的 Sobel 检验和非正态分布的不对称置信区间法。Sobel 检验是，必须要求中介效应的估计值满足正态分布的前提条件，因此对样本量的要求比较大。不对称置信区间法不要求中介效应的估计值满足正态分布，Bootstrap 作为不对称置信区间法的一种，能够充分满足中小样本规模条件下的统计检验分析，判断中介效应是否显著的标准就是通过观察中介效应估计值的置信区间是否包含 0，不包含 0，中介效应的估计值就是显著的。

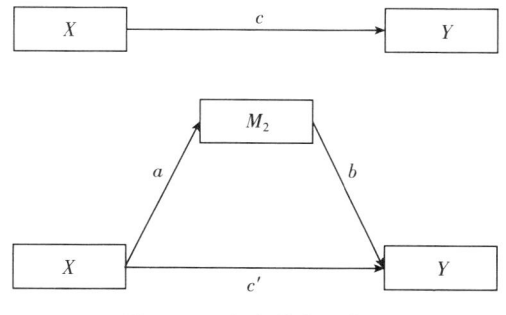

图 4-1　中介效应示意图

4.3.3 调节的中介效应检验

调节效应指的是：如果因变量 Y 与自变量 X 的关系受到变量 V 的影响，则称 V 为调节变量。也就是说，Y 和 X 的关系因 V 而异，V 可影响 Y 与 X 之间的关系的方向或强弱。对于调节效应，可以用交互项模型来检验。调节效应的检验一般采取两步：第一步首先检验自变量 X 和因变量 Y 是否存在显著的相关关系，第二步将自变量 X 和调节变量 V 相乘后，放入回归方程，看乘积项 $X \times V$ 的系数是否显著。如果乘积项系数显著，则说明 V 对 X 和 Y 的关系起到了调节效应。

有调节的中介指的是中介变量 M 对自变量 X 与因变量 Y 之间关系的中介效应的效果取决于调节变量 V 的取值。换句话说，如果调节变量 V 是一个情景变量，那么这个中介过程会随着情景功能的变化而变化。如前所述，这个定义强调调节变量调节的是中介效应，而不是调节自变量与因变量的关系。对于任意一个中介变量 M_j 而言，通过中介变量 M_j 和调节变量 V 构成的调节的中介模型如图 4-2 和图 4-3 所示。

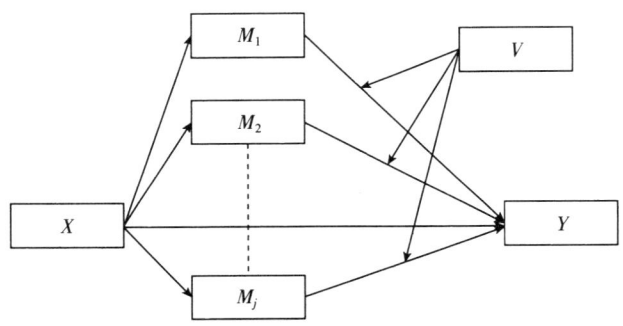

图 4-2 调节的中介概念示意图

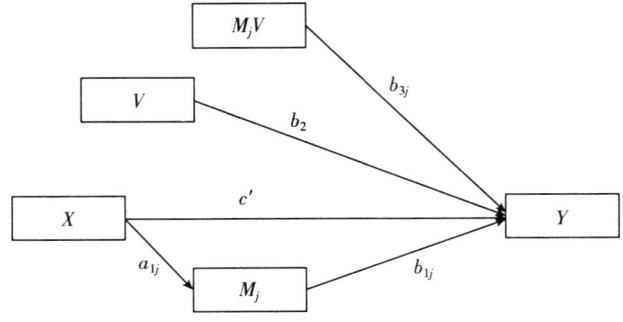

图 4-3 调节的中介统计示意图

中介模型的回归方程为：
$$M_j = a_{0j} + a_j X + \varepsilon_j$$
因变量的回归方程为：
$$Y = b_{0j} + b_{1j}M_j + b_2 V + b_{3j}M_j V + c'X + \varepsilon_j$$

对于有调节的中介效应的检验，可以根据模型检验调节变量 V 在整体上是否对 X 通过 M_j 影响 Y 的中介结果具有调节作用。

4.4 样本描述性统计分析和相关分析

表 4-3 给出了时间窗为 3 年时，本书所使用数据和变量的描述性统计结果。

表 4-3 描述性统计

变量	极小值	极大值	均值	标准差
是否成功退出	0	1	0.25	0.434
退出期限（月）	1	83	58.4	19.69
特征向量中心性	0	45.25	9.76	11.59
中介中心性	0	19.22	3.37	4.94
资源获取广度	1	60	16.92	16.57
资源获取深度	0	5.5	0.78	1.14
资源获取效度	0.02	1	0.46	0.21
行业多样化	0.12	1	0.43	0.16
分阶段投资	0.1	1	0.52	0.19
本地偏好	0.01	0.99	0.82	0.14
投资年龄（月）	0.3	1135.33	122.92	111.69
投资经验	3	95	52.66	36.57
有无外资成分	0	1	0.72	0.27
样本量	1539			

首先，风险投资机构的投资绩效情况。从统计结果可以看出，通过 IPO/M&A 退出的项目较少，退出期限平均在 58.4 个月（约 4.8 年），说明本书选取 2012 年 1 月 1 日至 2017 年 12 月 31 日的退出数据作为投资绩效的样本是较为合理的。

其次，网络位置的分布情况。特征向量中心性、中介中心性的差异较大，表明联合风险投资网络中投资机构的网络位置是不同的，同时从均值可以看出占据中心性位置和结构洞位置的风险投资机构是少数。

再次，投资机构资源获取的分布情况。从资源获取的广度来看，投资机构联合伙伴的数量有显著不同，平均每个投资机构的伙伴数量为 16.92，投资机构间具有良好的联合；从资源获取的深度来看，投资机构联合伙伴间具有互惠行为，互惠程度较低；从资源获取的效度来看，投资机构与伙伴资源的互补性程度居中。

最后，调节变量的分布情况，行业和阶段多样化指数程度居中，投资机构更倾向于本地投资。另外投资年龄、投资经验、机构类型的差异也较大。

相关分析的目的是检查两个变量之间线性关系的强弱程度和方向，而非因果关系。通过相关系数表，可以初步看出研究变量之间的相关关系，得到概念模型中研究假设是否合理，也可以根据相关系数的大小来预判是否需要进行多重共线检验。本书使用 SPSS 对所有变量做 Pearson 相关分析，见表 4-4 给出 3 年时间窗下的 Pearson 相关矩阵。从表 4-4 中可以看出，特征向量中心性与是否成功退出和退出期限都具有显著相关关系，而中介中心性与是否成功退出和退出期限的关系不显著，有必要通过进一步的统计检验分析其原因。特征向量中心性、中介中心性与资源获取的广度、深度和效度都具有显著的相关关系，且影响的强弱程度和方向不同。资源获取广度、深度和效度与是否成功退出和退出期限都具有显著的正相关关系。投资策略的行业多样化、阶段多样化、本地偏好与是否成功退出和退出期限也具有显著的正相关关系。另外，各变量之间的相关系数都不大，表明变量间不具有多重共线性。

相关系数矩阵的主要作用在于直观地展示样本数据，而不是用来推断总体。相关关系仅仅是两变量之间的关系，并没有考虑其他因素的影响，仅能作为一种参考。

4 研究设计

表4-4 Pearson相关矩阵

	是否成功退出	退出期限	特征向量中心性	中介中心性	资源获取广度	资源获取深度	资源获取效度	行业多样化	阶段多样化	本地偏好	投资年龄	投资经验	有无外资成分
是否成功退出	1												
退出期限	-0.790**	1											
特征向量中心性	-0.059*	0.118*	1										
中介中心性	0.009	0.044	0.631**	1									
资源获取广度	0.041	0.106**	0.852**	0.818**	1								
资源获取深度	0.082**	0.064*	0.464**	-0.213**	0.350**	1							
资源获取效度	0.187**	0.189*	-0.062*	0.025	-0.010	-0.051*	1						
行业多样化	0.667**	-0.689**	-0.112**	-0.069**	-0.109**	-0.094**	0.153**	1					
分阶段投资	0.075*	-0.042*	-0.103**	-0.052*	-0.106**	-0.007	0.039	0.216**	1				
本地偏好	0.734**	0.638**	-0.040	-0.003	-0.001	0.058*	-0.130**	-0.520**	-0.039	1			
投资年龄	0.031	0.008	0.235**	0.145**	0.254**	0.397**	0.027	-0.001	-0.046	0.011	1		
投资经验	0.018	0.083**	0.380**	0.845**	0.659**	0.207**	0.045	-0.026	-0.025	0.072**	0.136**	1	
有无外资成分	0.052*	0.079**	0.227**	0.144**	0.239**	0.134**	-0.040	-0.141**	-0.108**	-0.027	0.123**	0.151**	1

注: **、*分别表示在0.01、0.05的水平（双侧）上显著相关。

4.5 本章小结

本章是全书的衔接章节,主要是为下一章的经验检验做准备工作。本章首先介绍了样本数据的收集过程与收集方法;其次详细论述了被解释变量和解释变量的界定与测度方法,细致阐述了控制变量的选取依据以及度量方法,简要介绍了经验检验所使用的模型;最后展示了样本数据的描述性统计与Pearson相关矩阵。

5 经验检验

以第 4 章的内容为基础,本章对第 3 章提出的研究假设进行经验检验。经验检验具体包括五部分的内容:第一部分为直接效应的检验,包括网络位置对投资绩效、网络位置对资源获取、资源获取对投资绩效的影响;第二部分为中介效应的,检验资源获取在网络位置与投资绩效间的影响;第三部分为调节效应的检验,检验投资策略对资源获取中介路径的影响;第四部分为稳健性检验,第五部分为本章小结。

5.1 直接效应检验

5.1.1 网络位置与投资绩效

本部分内容检验投资机构的网络位置对投资绩效的影响作用。由于本书从中心性和结构洞两个方面度量投资机构的网络位置,因而经验检验也从中心性对投资绩效的影响以及结构洞对投资绩效的影响两个方面来展开。

表 5-1 显示了网络位置与是否成功退出关系的经验检验结果。从表中可以看到,模型 1 和模型 2 检验了中心位置与是否成功退出的关系。模型 1 中心位置在 0.01 的显著性水平下对是否成功退出有显著的正向影响,模型 2 中心位置的平方项在 0.01 的显著性水平下对是否成功退出有显著的负向影响,说明风险投资机构中心位置与其是否成功退出的关系是倒 U 形关系。模型 3 和模型 4 检验了结构洞位置与是否成功退出的关系。模型 3 结构洞位置在 0.01 的显著性水平下对是否成功退出有显著的正向影响,模型 4 结构洞位置的平方项在 0.01 的显著性水平下对是否成功退出有显著的负向影响,说明风险投资机构结构洞位置与其

是否成功退出的关系是倒 U 形关系。模型 5 检验了中心位置和结构洞位置的交互与是否成功退出的关系。模型中结构洞位置和中心位置的交互项在 0.01 的显著性水平下对是否成功退出有显著的负向影响，说明风险投资机构中心位置与结构洞位置对投资绩效的影响存在一定的替代关系。

表 5-1　网络位置与是否成功退出的 Probit 分析

变量	模型 1	模型 2	模型 3	模型 4	模型 5
常数项	-0.920*** (0.000)	-1.068*** (0.000)	-0.979*** (0.000)	-1.077 (0.000)	-1.148*** (0.000)
中心位置	0.073*** (0.000)	0.220*** (0.000)			0.108*** (0.000)
中心位置^2		-0.004*** (0.000)			
结构洞位置			0.099*** (0.000)	0.165** (0.000)	0.020 (0.563)
结构洞位置^2				-0.004*** (0.002)	
中心位置×结构洞位置					-0.005*** (0.000)
投资年龄	-0.001*** (0.003)	-0.0009*** (0.006)	0.0002 (0.493)	0.000 (0.226)	-0.001*** (0.004)
投资经验	-0.006*** (0.000)	-0.006*** (0.000)	-0.008*** (0.000)	-0.007** (0.000)	0.001 (0.434)
是否有外资成分	0.266* (0.080)	-0.189 (0.253)	0.744*** (0.000)	0.688*** (0.000)	0.043 (0.783)
时间、行业、区域固定效应	fix	fix	fix	fix	fix
N	1539	1539	1539	1539	1539
McFadden R-square（%）	22.20	32.51	14.51	14.96	25.36
Log Likelihood	-784.99	-680.92	-863.47	-858.93	-753.02

注：***、**、* 分别表示在显著性水平为 0.01、0.05、0.1 的水平下显著。

表 5-2 显示了网络位置与退出期限关系的经验检验结果。从表中可以看到,模型 1 和模型 2 检验了中心位置与退出期限的关系。模型 1 中心位置在 0.01 的显著性水平下对退出期限有显著的负向影响,模型 2 中心位置的平方项在 0.05 的显著性水平下对退出期限有显著的负向影响,说明风险投资机构中心位置与退出期限的关系是倒 U 形关系。模型 3 和模型 4 检验了结构洞位置与退出期限的关系。模型 3 结构洞位置在 0.1 的显著性水平下对退出期限有显著的负向影响,模型 4 结构洞位置的平方项在 0.1 的显著性水平下对退出期限有显著的负向影响,说明风险投资机构结构洞位置与其退出期限的关系是倒 U 形关系。模型 5 检验了中心位置和结构洞位置的交互与退出期限的关系。模型 5 中结构洞和中心位置的交互项在 0.05 的显著性水平下对是否成功退出有显著的负向影响,说明风险投资机构中心位置与结构洞位置对投资绩效的影响存在替代关系。

表 5-2 网络位置与退出期限的 Cox 分析

变量	模型 1	模型 2	模型 3	模型 4	模型 5
中心位置	-0.015*** (0.006)	-0.041*** (0.005)			-0.021** (0.017)
中心位置^2		-0.001** (0.047)			
结构洞位置			-0.022* (0.061)	0.026 (0.517)	0.008 (0.863)
结构洞位置^2				-0.003* (0.076)	
中心位置×结构洞位置					0.001** (0.013)
投资年龄	0.000 (0.688)	0.000 (0.647)	0.000 (0.381)	0.000 (0.550)	0.000 (0.695)
投资经验	0.002** (0.021)	0.002** (0.029)	0.003* (0.096)	0.003* (0.052)	0.001 (0.629)
是否有外资成分	0.299* (0.085)	0.236 (0.108)	0.384** (0.025)	0.003** (0.014)	0.265 (0.139)
时间、行业、区域固定效应	fix	fix	fix	fix	fix
N	1539	1539	1539	1539	1539

续表

变量	模型 1	模型 2	模型 3	模型 4	模型 5
整体卡方	14.63	18.63	8.63	10.66	15.21
Log Likelihood	5527.22	5523.49	5533.87	5532.06	5526.28

注：***、**、*分别表示在显著性水平为 0.01、0.05、0.1 的水平下显著。

5.1.2 网络位置与资源获取

本部分内容检验风险投资机构的网络位置对资源获取的影响作用。由于本书从中心性和结构洞两个方面度量投资机构的网络位置，从资源获取的广度、深度、效度度量投资绩效的资源获取行为，因而经验检验也从中心性、结构洞分别对资源获取广度、资源获取深度和资源获取效度的影响三个方面来展开。

表5-3显示了网络位置与资源获取关系的经验检验结果。从表中可以看出，模型1和模型2表明网络位置对资源获取广度的影响，模型3和模型4表明网络位置对资源获取深度的影响，模型5和模型6表明网络位置对资源获取效度的影响。

表5-3　网络位置与资源获取

变量	资源获取广度		资源获取深度		资源获取效度	
	模型1	模型2	模型3	模型4	模型5	模型6
常数项	-0.400 (0.490)	0.082 (0.921)	-0.011 (0.892)	-0.076 (0.427)	0.369*** (0.000)	0.36*** (0.000)
中心位置	0.987*** (0.000)		0.037*** (0.000)		-0.003 (0.000)	
结构洞位置		2.997*** (0.000)		-0.020** (0.036)		0.017*** (0.000)
投资年龄	0.005*** (0.000)	0.019*** (0.000)	0.003*** (0.000)	0.003*** (0.000)	0.000 (0.335)	0.000 (0.759)
投资经验	0.113*** (0.000)	0.039*** (0.000)	0.000 (0.425)	0.008 (0.101)	0.001*** (0.000)	0.001*** (0.000)
是否有外资成分	1.128*** (0.000)	6.997*** (0.000)	0.029 (0.752)	0.278*** (0.005)	0.053*** (0.008)	0.069*** (0.000)

续表

变量	资源获取广度		资源获取深度		资源获取效度	
	模型1	模型2	模型3	模型4	模型5	模型6
时间、行业、区域固定效应	fix	fix	fix	fix	fix	fix
N	1539	1539	1539	1539	1539	1539
R-squar（%）	85.79	70.40	30.34	18.77	14.17	16.84
Log Likelihood	-5001.48	-5564.81	-2108.68	-2226.99	-2238.42	-2260.13

注：***、**、*分别表示在显著性水平为0.01、0.05、0.1的水平下显著。

中心位置对资源获取的影响。中心位置在0.01的显著性水平下对资源获取广度有显著的正向影响，中心位置在0.01的显著性水平下对资源获取深度有显著的正向影响，中心位置在0.01的显著性水平下对资源获取效度有显著的负向影响，说明风险投资机构的中心性越高，资源获取广度越大，资源获取深度越大，而资源获取效度越低。

结构洞位置对资源获取的影响。结构洞位置在0.01的显著性水平下对资源获取广度有显著的正向影响，结构洞位置在0.05的显著性水平下对资源获取深度有显著的负向影响，结构洞位置在0.01的显著性水平下对资源获取效度有显著的正向影响，说明风险投资机构占据的结构洞位置越多，资源获取广度越大，资源获取深度越小，资源获取效度越高。

5.1.3 资源获取与投资绩效

本部分内容检验风险投资机构的资源获取行为对投资绩效的影响作用。由于本书从资源获取的广度、深度、效度度量投资机构的资源获取行为，用是否成功退出和退出期限来衡量投资绩效，因而经验检验也分别从资源获取广度、资源获取深度和资源获取效度对是否成功退出和退出期限的影响来展开。

表5-4显示了资源获取与投资绩效关系的经验检验结果。从表中可以看出，模型1、模型2、模型3检验了资源获取与是否成功退出的关系，资源获取广度在0.01的显著性水平下对是否成功退出有显著的正向影响，资源获取深度在0.01的显著性水平下对是否成功退出有显著的正向影响，资源获取效度在0.01的显著性水平下对是否成功退出有显著的正向影响，说明资源获取与是否成功退

出存在显著的正向影响。模型4、模型5、模型6检验了资源获取与退出期限的关系,资源获取广度在0.01的显著性水平下对退出期限有显著的正向影响,资源获取深度在0.01的显著性水平下对退出期限有显著的正向影响,资源获取效度在0.01的显著性水平下对退出期限有显著的正向影响,说明资源获取与退出期限存在显著的正向影响。

综合以上结果表明,风险投资机构资源获取对投资绩效具有显著的正向影响。

表5-4 资源获取与投资绩效

变量	是否成功退出			退出期限		
	模型1	模型2	模型3	模型4	模型5	模型6
常数项	-0.913*** (0.000)	-1.036*** (0.000)	-1.455*** (0.000)			
资源获取广度	0.057*** (0.000)			0.013*** (0.004)		
资源获取深度		0.172*** (0.000)			0.175*** (0.002)	
资源获取效度			0.101*** (0.000)			1.572*** (0.000)
投资年龄	-0.0009*** (0.004)	0.0004 (0.216)	0.0002 (0.318)	0.000 (0.751)	0.000 (0.839)	0.000 (0.305)
投资经验	-0.012*** (0.000)	0.001** (0.034)	0.001** (0.031)	0.003*** (0.003)	0.002* (0.055)	0.001 (0.235)
是否有外资成分	0.287* (0.056)	0.710*** (0.000)	0.855*** (0.000)	0.299* (0.084)	0.345** (0.044)	0.316* (0.065)
时间、行业、区域固定效应	fix	fix	fix	fix	fix	fix
N	1539	1539	1539	1539	1539	1539
R-square(%)	18.73	13.10	13.60	15.51	16.59	57.97
Log Likelihood	-819.95	-977.61	-971.76	5526.76	5524.65	5485.73

注:***、**、*分别表示在显著性水平为0.01、0.05、0.1的水平下显著。

5.2 资源获取的中介效应检验

本部分内容检验投资机构的资源获取的中介作用。由于本书从资源获取的广度、深度、效度三个方面度量风险投资机构的资源获取行为,因而中介效应的经验检验也从资源获取广度、资源获取深度和资源获取效度的中介效应三个方面来展开。按照中介效应的检验方法,检验步骤应该是:第一步对网络位置和投资绩效的关系进行回归,检验两者之间是否存在显著的相关关系;如果存在显著的相关关系,则进行第二步检验,即对网络位置和资源获取的关系进行回归,检验两者之间是否存在直接和显著的相关关系;第三步将网络位置和资源获取同时放入模型中对投资绩效进行回归。由于第一步网络位置和投资绩效的关系回归(见表5-1和表5-2)和第二步网络位置和资源获取的关系回归(见表5-3)已经检验表明都具有显著的相关关系,因此本部分仅对第三步进行检验(见表5-5)。第三步中的网络位置的系数明显降低且不再显著,而中间变量的系数显著,就说明存在完全中介效应;如果网络位置的系数减小且显著性降低,而中间变量的系数显著,就说明存在部分中介效应。

表5-5 资源获取的中介效应(是否成功退出)

变量	资源获取广度中介效应		资源获取深度中介效应		资源获取效度中介效应	
	模型1	模型2	模型3	模型4	模型5	模型6
常数项	-0.909*** (0.000)		-0.944*** (0.000)	-0.966*** (0.000)	-1.723*** (0.000)	-1.515*** (0.000)
中心位置	0.018*** (0.000)		0.008*** (0.000)		0.015*** (0.000)	
结构洞位置		0.089*** (0.000)		0.095*** (0.000)		0.027*** (0.000)
资源获取广度	0.015*** (0.010)	0.069*** (0.000)				

续表

变量	资源获取广度中介效应		资源获取深度中介效应		资源获取效度中介效应	
	模型1	模型2	模型3	模型4	模型5	模型6
资源获取深度			-0.149*** (0.001)	0.164*** (0.000)		
资源获取效度					0.198*** (0.000)	0.138*** (0.000)
投资年龄	0.001*** (0.001)	0.001*** (0.000)	0.000 (0.304)	0.000 (0.158)	0.001*** (0.000)	0.000 (0.541)
投资经验	0.008*** (0.000)	0.007*** (0.000)	-0.006*** (0.000)	0.008*** (0.000)	0.007*** (0.000)	0.011*** (0.000)
是否有外资成分	0.237 (0.120)	0.209 (0.165)	0.262* (0.088)	0.702*** (0.000)	0.410*** (0.009)	0.876*** (0.000)
时间、行业、区域固定效应	fix	fix	fix	fix	fix	fix
N	1539	1539	1539	1539	1539	1539
McFadden R-square (%)	22.52	19.91	22.76	5.76	28.14	8.01
Log Likelihood	-781.71	-808.06	-779.28	-950.79	-724.97	-928.10

注：***、**、*分别表示在显著性水平为0.01、0.05、0.1的水平下显著。

表5-5显示了投资绩效为是否成功退出时，资源获取中介效应的经验检验结果。

结合表5-1和表5-3，中心位置对是否成功退出具有显著影响，中心位置回归系数为0.073（p=0.000），中心位置对资源获取具有显著影响。将中心位置和资源获取广度同时放入模型中对是否成功退出进行回归后，中心位置的回归系数变为0.018（p=0.000），系数减小，而资源获取广度的系数0.015（p=0.010）依然显著，说明资源获取广度存在部分中介效应；将中心位置和资源获取深度同时放入模型中对是否成功退出进行回归后，中心位置的回归系数变为0.008（p=0.000），系数减小，而资源获取深度的系数-0.149（p=0.001）依然显著，说明资源获取深度存在部分中介效应；将中心位置和资源获取效度同时放入模型中对是否成功退出进行回归后，中心位置的回归系数变为0.015（p=

0.000），系数减小，而资源获取效度的系数 0.198（p=0.000）依然显著，说明资源获取效度存在部分中介效应。

结合表 5-1 和表 5-3，结构洞位置对是否成功退出具有显著影响，结构洞位置回归系数为 0.099（p=0.000），结构洞位置对资源获取具有显著影响。将结构洞位置和资源获取广度同时放入模型中对是否成功退出进行回归后，结构洞位置的回归系数为 0.089（p=0.000），系数减小，而资源获取广度的系数 0.069（p=0.000）依然显著，说明资源获取广度存在部分中介效应；将结构洞位置和资源获取深度同时放入模型中对是否成功退出进行回归后，结构洞位置的回归系数变为 0.095（p=0.000），系数减小，而资源获取深度的系数 0.164（p=0.000）依然显著，说明资源获取深度存在部分中介效应；将结构洞位置和资源获取效度同时放入模型中对是否成功退出进行回归后，结构洞位置的回归系数变为 0.027（p=0.000），系数减小，而资源获取效度的系数 0.138（p=0.000）依然显著，说明资源获取效度存在部分中介效应。

表 5-6 显示了投资绩效为退出期限时，资源获取中介效应的经验检验结果。

结合表 5-2 和表 5-3，中心位置对退出期限具有显著影响，中心位置对资源获取具有显著影响，中心位置回归系数为 -0.015（p=0.006）。将中心位置和资源获取广度同时放入模型对退出期限进行回归后，中心位置的回归系数变为 -0.007（p=0.132），系数减小且显著性降低，而资源获取广度的系数 0.008（p=0.057）依然显著，说明资源获取广度存在部分中介效应；将中心位置和资源获取深度同时放入模型中对退出期限进行回归后，中心位置的回归系数变为 -0.011（p=0.075），系数减小且显著性降低，而资源获取深度的系数 0.134（p=0.022）依然显著，说明资源获取深度存在部分中介效应；将中心位置和资源获取效度同时放入模型中对退出期限进行回归后，中心位置的回归系数变为 -0.013（p=0.016），系数减小且显著性降低，而资源获取效度的系数依然显著，说明资源获取效度存在部分中介效应。

结合表 5-2 和表 5-3，结构洞位置对退出期限有显著影响，结构洞位置对资源获取有显著影响，结构洞位置回归系数为 -0.022（p=0.061）。将结构洞位置和资源获取广度同时放入模型中对退出期限进行回归后，结构洞位置的回归系数为 -0.011（p=0.037），系数减小且显著性降低，而资源获取广度的系数 0.018（p=0.004）依然显著，说明资源获取广度存在部分中介效应；将结构洞位置和资源获取深度同时放入模型中对退出期限进行回归后，结构洞位置的回归系数变为-0.019（p=0.019），系数减小且显著性降低，而资源获取深度的系数-0.170（p=0.003）依然显著，说明资源获取深度存在部分中介效应；将结构洞位置和资源获取效度同时放入模型中对退出期限进行回归后，结构洞位置的回归系数变为-0.021（p=0.017），系数减小且显著性降低，而资源获取效度的系数1.581（p=0.000）依然显著，说明资源获取效度存在部分中介效应。

表5-6 资源获取的中介效应（退出期限）

变量	资源获取广度中介效应		资源获取深度中介效应		资源获取效度中介效应	
	模型1	模型2	模型3	模型4	模型5	模型6
中心位置	-0.007 (0.132)		-0.011* (0.075)		-0.013** (0.016)	
结构洞位置		-0.011 (0.037)		-0.019 (0.019)		-0.021 (0.017)
资源获取广度	0.008* (0.057)	0.018*** (0.004)				
资源获取深度			0.134** (0.022)	-0.170*** (0.003)		
资源获取效度					1.548*** (0.000)	1.581*** (0.000)
投资年龄	0.000 (0.755)	0.000 (0.849)	0.000 (0.794)	0.000 (0.819)	0.000 (0.565)	0.000 (0.335)
投资经验	0.003** (0.022)	0.002 (0.197)	0.002** (0.015)	0.003* (0.074)	0.002** (0.038)	0.003 (0.103)
是否有外资成分	0.293* (0.092)	0.272 (0.119)	0.294* (0.090)	0.343** (0.045)	-0.241 (0.165)	-0.312* (0.068)
时间、行业、区域固定效应	fix	fix	fix	fix	fix	fix
N	1539	1539	1539	1539	1539	1539
R-square（%）	15.77	16.37	19.48	17.62	62.78	58.89
-2倍对数似然值	5526.27	5525.37	5521.45	5523.77	5479.71	5484.33

注：***、**、*分别表示在显著性水平为0.01、0.05、0.1的水平下显著。

5.3 投资策略的调节效应

根据前文调节的中介效应检验模型，带有调节的中介效应的检验可以根据回归调节变量和中介变量乘积项的回归系数 b_{3j} 判断调节变量对中介路径是否有影响。形成的带有调节的中介效应的大小可以根据回归系数 a_{1j}、b_{1j} 以及 b_{3j} 的参数估计，其大小为 $M_j = a_{1j}(b_{1j} + b_{3j}V)$。因此，为了检验投资策略对资源获取中介作用的调节效应，需要将网络位置、资源获取行为、投资策略以及资源获取和投资策略的乘积项分别代入回归模型。由于本书考查行业多样化、分阶段投资、本地偏好三个投资策略的调节效应，因而经验检验也分别从行业多样化、分阶段投资、本地偏好对资源获取中介作用的调节效应展开。

5.3.1 行业多样化投资策略的调节效应

表5-7显示了投资绩效为是否成功退出时，行业多样化投资策略调节效应的经验检验结果。从表中可以看出，同时考虑中心位置作用条件下，行业多样化与资源获取广度的乘积项对投资绩效的影响大小为0.07（p=0.004），行业多样化与资源获取深度的乘积项对投资绩效的影响大小为-0.08（p=0.000），行业多样化与资源获取效度的乘积项对投资绩效的影响大小为-0.02（p=0.025）。同时考虑结构洞位置作用条件下，行业多样化与资源获取广度的乘积项对投资绩效的影响大小为0.05（p=0.048），行业多样化与资源获取深度的乘积项对投资绩效的影响大小为-0.06（p=0.000），行业多样化与资源获取效度的乘积项对投资绩效的影响大小为-0.03（p=0.000）。资源获取与行业多样化乘积项的检验都是显著的，但乘积项的系数符号不同，表明行业多样化投资策略对资源获取不同维度中介作用的调节效应是不同的。

表5-7 行业多样化投资策略的调节效应（是否成功退出）

变量	模型1	模型2	模型3	模型4	模型5	模型6
常数项	-2.357*** (0.000)	-2.108*** (0.000)	-2.132*** (0.000)	-2.283*** (0.000)	-1.769*** (0.000)	-1.776*** (0.000)

续表

变量	模型1	模型2	模型3	模型4	模型5	模型6
资源获取广度	0.030*** (0.000)			0.084*** (0.000)		
资源获取深度		-0.378*** (0.000)			0.061 (0.179)	
资源获取效度			1.498*** (0.000)			1.113*** (0.000)
中心位置	0.063*** (0.000)	0.093*** (0.000)	0.086*** (0.000)			
结构洞位置				-0.089*** (0.000)	0.115*** (0.000)	0.128*** (0.000)
行业多样化	2.374*** (0.000)	2.282*** (0.000)	1.128*** (0.000)	2.260*** (0.000)	1.702*** (0.000)	0.698*** (0.010)
资源获取广度× 行业多样化	0.07*** (0.004)			0.05** (0.048)		
资源获取深度× 行业多样化		-0.08*** (0.000)			-0.06*** (0.000)	
资源获取效度× 行业多样化			-0.02** (0.025)			-0.03*** (0.000)
投资年龄	0.000 (0.647)	-0.000** (0.741)	-0.000 (0.815)	-0.0002* (0.659)	-0.001*** (0.000)	-0.001*** (0.001)
投资经验	-0.009*** (0.000)	-0.007*** (0.000)	-0.007*** (0.000)	-0.008*** (0.000)	-0.009*** (0.000)	-0.010*** (0.000)
是否有外资成分	0.388*** (0.015)	0.510*** (0.001)	0.471*** (0.003)	0.362** (0.021)	0.888*** (0.000)	0.913*** (0.000)
时间、行业、区域固定效应	fix	fix	fix	fix	fix	fix
N	1539	1539	1539	1539	1539	1539
McFadden R-squared(%)	28.02	28.66	29.11	24.92	9.77	8.92
Log Likelihood	-726.19	-719.75	-715.19	-757.55	-910.32	-918.90

注：***、**、* 分别表示在显著性水平为0.01、0.05、0.1的水平下显著。

表5-8显示了投资绩效为退出期限时,行业多样化投资策略调节效应的经验检验结果。从表中可以看出,同时考虑中心位置作用条件下,行业多样化与资源获取广度的乘积项对投资绩效的影响大小为0.183(p=0.000),行业多样化与资源获取深度的乘积项对投资绩效的影响大小为-1.530(p=0.000),行业多样化与资源获取效度的乘积项对投资绩效的影响大小为-1.832(p=0.036)。同时考虑结构洞位置作用条件下,行业多样化与资源获取广度的乘积项对投资绩效的影响大小为0.167(p=0.000),行业多样化与资源获取深度的乘积项对投资绩效的影响大小为-1.419(p=0.000),行业多样化与资源获取效度的乘积项对投资绩效的影响大小为-1.503(p=0.079)。资源获取与行业多样化乘积项的检验都是显著的,但乘积项的系数符号不同,表明行业多样化投资策略对资源获取不同维度中介作用的调节效应是不同的。

表5-8 行业多样化投资策略的调节效应(退出期限)

变量	模型1	模型2	模型3	模型4	模型5	模型6
资源获取广度	-0.061*** (0.000)			-0.115*** (0.000)		
资源获取深度		-0.833*** (0.000)			-0.794*** (0.000)	
资源获取效度			2.183*** (0.000)			2.076*** (0.001)
中心位置	-0.066*** (0.000)	-0.026*** (0.000)	-0.020*** (0.004)			
结构洞位置				0.110*** (0.002)	0.015 (0.536)	0.000 (0.992)
行业多样化	5.044*** (0.000)	6.324*** (0.000)	7.778*** (0.000)	4.952*** (0.000)	6.195*** (0.000)	7.533*** (0.000)
资源获取广度× 行业多样化	0.183*** (0.000)			0.167*** (0.000)		
资源获取深度× 行业多样化		-1.530*** (0.000)			-1.419*** (0.000)	

续表

变量	模型1	模型2	模型3	模型4	模型5	模型6
资源获取效度×行业多样化			-1.832** (0.036)			-1.503* (0.079)
投资年龄	0.000 (0.872)	-0.002** (0.022)	-0.001 (0.101)	-0.001* (0.076)	-0.002*** (0.004)	-0.002** (0.020)
投资经验	0.009*** (0.000)	0.007*** (0.000)	0.005*** (0.000)	0.000 (0.850)	0.003 (0.123)	0.004* (0.066)
是否有外资成分	-0.661*** (0.000)	0.687*** (0.000)	0.891*** (0.000)	0.384* (0.042)	0.501*** (0.006)	0.789*** (0.000)
时间、行业、区域固定效应	fix	fix	fix	fix	fix	fix
N	1539	1539	1539	1539	1539	1539
整体卡方	1156.79	1132.47	1176.43	1160.41	1136.28	1179.34
Log Likelihood	4759.63	4800.83	4807.42	4774.43	4814.93	4816.00

注：***、**、*分别表示在显著性水平为0.01、0.05、0.1的水平下显著。

5.3.2 分阶段投资策略的调节效应

表5-9显示了投资绩效为是否成功退出时，分阶段投资策略调节效应的经验检验结果。从表中可以看出，同时考虑中心位置作用条件下，分阶段投资与资源获取广度的乘积项对投资绩效的影响大小为-0.013（p=0.314），分阶段投资与资源获取深度的乘积项对投资绩效的影响大小为-0.259（p=0.109），分阶段投资与资源获取效度的乘积项对投资绩效的影响大小为0.078（p=0.802）。同时考虑结构洞位置作用条件下，分阶段投资与资源获取广度的乘积项对投资绩效的影响大小为-0.002（p=0.868），分阶段投资与资源获取深度的乘积项对投资绩效的影响大小为-0.510（p=0.102），分阶段投资与资源获取效度的乘积项对投资绩效的影响大小为-0.2833（p=0.316）。资源获取与分阶段投资乘积项的检验都是不显著的，但乘积项的系数符号不同。

表 5-9 分阶段投资策略的调节效应（是否成功退出）

变量	模型1	模型2	模型3	模型4	模型5	模型6
常数项	-1.168*** (0.000)	-1.155*** (0.000)	-1.839*** (0.000)	-1.125*** (0.000)	-1.160*** (0.000)	-1.489*** (0.000)
资源获取广度	0.022*** (0.013)			0.070*** (0.000)		
资源获取深度		-0.014 (0.882)			0.446*** (0.000)	
资源获取效度			1.977*** (0.000)			1.413*** (0.000)
中心位置	0.058*** (0.000)	0.080*** (0.000)	0.085*** (0.000)			
结构洞位置				-0.090*** (0.000)	0.094*** (0.000)	0.127*** (0.000)
分阶段投资	0.437 (0.134)	0.378* (0.092)	0.162 (0.511)	0.292 (0.312)	0.403* (0.057)	0.074 (0.738)
资源获取广度× 分阶段投资	-0.013 (0.314)			-0.002 (0.868)		
资源获取深度× 分阶段投资		-0.259 (0.109)			-0.510 (0.102)	
资源获取效度× 分阶段投资			0.078 (0.802)			-0.2833 (0.316)
投资年龄	-0.001*** (0.001)	-0.000 (0.212)	-0.001*** (0.000)	-0.001*** (0.000)	-0.000** (0.039)	0.000 (0.549)
投资经验	-0.008*** (0.000)	-0.006*** (0.000)	-0.007*** (0.000)	-0.007 (0.850)	-0.008*** (0.000)	-0.0104*** (0.000)
是否有外资成分	-0.259* (0.091)	0.281* (0.069)	0.420*** (0.008)	0.224 (0.138)	0.696*** (0.000)	0.868*** (0.000)
时间、行业、区域固定效应	fix	fix	fix	fix	fix	fix
N	1539	1539	1539	1539	1539	1539
McFadden R-squared（%）	22.63	22.94	28.20	20.01	6.45	8.07
Log Likelihood	-780.57	-777.49	-724.43	-807.11	-943.86	-927.54

注：***、**、*分别表示在显著性水平为0.01、0.05、0.1的水平下显著。

表 5-10 显示了投资绩效为退出期限时，分阶段投资策略调节效应的经验检验结果。从表中可以看出，同时考虑中心位置作用条件下，分阶段投资与资源获取广度的乘积项对投资绩效的影响大小为 -0.028（p=0.152），分阶段投资与资源获取深度的乘积项对投资绩效的影响大小为 -0.478（p=0.139），分阶段投资与资源获取效度的乘积项对投资绩效的影响大小为 -1.832（p=0.136）。同时考虑结构洞位置作用条件下，分阶段投资与资源获取广度的乘积项对投资绩效的影响大小为 -0.032（p=0.112），分阶段投资与资源获取深度的乘积项对投资绩效的影响大小为 -0.425（p=0.168），分阶段投资与资源获取效度的乘积项对投资绩效的影响大小为 -1.188（p=0.237）。资源获取与分阶段投资乘积项的检验都不显著。

表 5-10　分阶段投资策略的调节效应（退出期限）

变量	模型 1	模型 2	模型 3	模型 4	模型 5	模型 6
资源获取广度	0.008*** 0.551			0.000 0.940		
资源获取深度		0.136 0.334			0.068 0.625	
资源获取效度			2.183 0.000			2.221 0.000
中心位置	-0.007*** 0.523	-0.011 0.056	-0.020 0.004			
结构洞位置				0.036 0.174	-0.019 0.351	-0.022 0.260
分阶段投资	1.012*** (0.007)	0.990*** (0.001)	7.778*** (0.000)	1.052*** (0.005)	0.979*** (0.001)	1.226*** (0.041)
资源获取广度 × 分阶段投资	-0.028 (0.152)			-0.032 (0.112)		
资源获取深度 × 分阶段投资		-0.478*** (0.139)			-0.425*** (0.168)	
资源获取效度 × 分阶段投资			-1.832** (0.136)			-1.188 (0.237)

续表

变量	模型1	模型2	模型3	模型4	模型5	模型6
投资年龄	0.000 (0.722)	0.000** (0.967)	-0.001 (0.101)	0.000* (0.824)	0.000*** (0.968)	0.000** (0.358)
投资经验	0.003*** (0.027)	0.003*** (0.010)	0.005*** (0.000)	0.002 (0.283)	0.003 (0.067)	0.003* (0.110)
是否有外资成分	-0.222*** (0.207)	-0.236*** (0.176)	0.891*** (0.000)	-0.193* (0.276)	-0.286*** (0.098)	-0.273*** (0.116)
时间、行业、区域固定效应	fix	fix	fix	fix	fix	fix
N	1539	1539	1539	1539	1539	1539
整体卡方	24.39	31.79	21.76	25.42	29.35	64.39
Log Likelihood	5518.57	5510.27	5521.42	5517.15	5513.09	5477.85

注：***、**、*分别表示在显著性水平为0.01、0.05、0.1的水平下显著。

5.3.3 本地偏好投资策略的调节效应

表5-11显示了投资绩效为是否成功退出时，本地偏好投资策略调节效应的经验检验结果。从表中可以看出，同时考虑中心位置作用条件下，本地偏好与资源获取广度的乘积项对投资绩效的影响大小为0.183（p=0.000），本地偏好与资源获取深度的乘积项对投资绩效的影响大小为1.316（p=0.000），本地偏好与资源获取效度的乘积项对投资绩效的影响大小为0.088（p=0.032）。同时考虑结构洞位置作用条件下，本地偏好与资源获取广度的乘积项对投资绩效的影响大小为0.157（p=0.083），本地偏好与资源获取深度的乘积项对投资绩效的影响大小为1.922（p=0.000），本地偏好与资源获取效度的乘积项对投资绩效的影响大小为0.289（p=0.077）。资源获取与本地偏好乘积项的检验都是显著的，且乘积项的系数符号都为正，表明本地偏好投资策略对资源获取不同维度中介作用都具有正向的调节效应。

表5-12显示了投资绩效为退出期限时，本地偏好投资策略调节效应的经验检验结果。从表中可以看出，同时考虑中心位置作用条件下，本地偏好与资源获取广度的乘积项对投资绩效的影响大小为0.063（p=0.000），本地偏好与资源获取深度的乘积项对投资绩效的影响大小为0.866（p=0.000），本地偏好与资

源获取效度的乘积项对投资绩效的影响大小为 2.841（p=0.001）。同时考虑结构洞位置作用条件下，本地偏好与资源获取广度的乘积项对投资绩效的影响大小为 0.067（p=0.000），本地偏好与资源获取深度的乘积项对投资绩效的影响大小为 0.817（p=0.000），本地偏好与资源获取效度的乘积项对投资绩效的影响大小为 2.989（p=0.001）。资源获取与本地偏好乘积项的检验都是显著的，且乘积项的系数符号都为正，表明本地偏好投资策略对资源获取不同维度中介作用都具有正向的调节效应。

表 5-11 本地偏好投资策略的调节效应（是否成功退出）

变量	模型1	模型2	模型3	模型4	模型5	模型6
常数项	-0.855** (0.049)	-0.210*** (0.000)	-2.573*** (0.000)	-0.742* (0.077)	-0.198*** (0.000)	-1.952*** (0.000)
资源获取广度	0.193** (0.040)			0.228** (0.012)		
资源获取深度		-1.453* (0.087)			-1.729 (0.179)	
资源获取效度			2.529*** (0.000)			1.710*** (0.000)
中心位置	0.059*** (0.000)	0.080*** (0.000)	0.087*** (0.000)			
结构洞位置				-0.102*** (0.000)	0.087*** (0.000)	0.136*** (0.000)
本地偏好	-0.931*** (0.000)	-0.902*** (0.000)	0.793*** (0.002)	-1.028*** (0.000)	-0.850*** (0.000)	0.385* (0.100)
资源获取广度× 本地偏好	0.183*** (0.000)			0.157* (0.083)		
资源获取深度× 本地偏好		1.316*** (0.000)			1.922*** (0.000)	
资源获取效度× 本地偏好			0.088** (0.032)			0.289* (0.077)
投资年龄	-0.001*** (0.002)	-0.000*** (0.000)	-0.001*** (0.000)	-0.001*** (0.000)	-0.000*** (0.004)	0.000 (0.546)

续表

变量	模型1	模型2	模型3	模型4	模型5	模型6
投资经验	-0.008*** (0.000)	0.006*** (0.000)	-0.008*** (0.000)	-0.006*** (0.000)	-0.007 (0.123)	-0.011*** (0.000)
是否有外资成分	0.935** (0.024)	0.258*** (0.006)	0.476*** (0.008)	0.815** (0.041)	0.610*** (0.006)	1.035*** (0.000)
时间、行业、区域固定效应	fix	fix	fix	fix	fix	fix
N	1539	1539	1539	1539	1539	1539
McFadden R-squared（%）	23.99	24.00	28.63	21.69	7.36	8.29
Log Likelihood	-766.84	-766.81	-720.07	-790.05	-934.72	-925.28

注：***、**、*分别表示在显著性水平为0.01、0.05、0.1的水平下显著。

表5-12 本地偏好投资策略的调节效应（退出期限）

变量	模型1	模型2	模型3	模型4	模型5	模型6
资源获取广度	0.017 (0.257)			0.034*** (0.005)		
资源获取深度		0.529*** (0.000)			0.394*** (0.001)	
资源获取效度			-0.959 (0.127)			-1.025 (0.105)
中心位置	0.000 (0.995)	-0.025*** (0.000)	-0.017*** (0.002)			
结构洞位置				-0.085** (0.011)	-0.114*** (0.000)	-0.106*** (0.000)
本地偏好	-4.796*** (0.000)	-5.112*** (0.000)	-6.944*** (0.000)	-4.820*** (0.000)	-5.287*** (0.000)	-7.176*** (0.000)
资源获取广度×本地偏好	0.063*** (0.000)			0.067*** (0.000)		
资源获取深度×本地偏好		0.866*** (0.000)			0.817*** (0.000)	

续表

变量	模型1	模型2	模型3	模型4	模型5	模型6
资源获取效度×本地偏好			2.841*** (0.001)			2.989*** (0.001)
投资年龄	0.000 (0.872)	-0.002 (0.717)	0.000 (0.672)	0.000 (0.797)	0.000 (0.899)	0.000 (0.659)
投资经验	0.009*** (0.000)	0.006*** (0.000)	0.006*** (0.000)	0.012*** (0.000)	0.013*** (0.000)	0.012*** (0.000)
是否有外资成分	-0.661*** (0.000)	-0.710*** (0.000)	-0.688*** (0.000)	-0.762* (0.000)	-0.824*** (0.000)	-0.803*** (0.000)
时间、行业、区域固定效应	fix	fix	fix	fix	fix	fix
N	1539	1539	1539	1539	1539	1539
整体卡方	28.69	22.69	25.63	21.69	9.36	8.89
Log Likelihood	-720.07	-788.81	-756.80	-790.05	-914.72	-920.18

注：***、**、*分别表示在显著性水平为0.01、0.05、0.1的水平下显著。

5.4 稳健性检验

本部分对上述经验检验结果进行稳健性检验。稳健性检验按照如下思路展开。

模型设定。在前文中，本书使用3年时间窗测度网络位置及资源获取。前文联合风险投资网络概念的分析部分已经说明，时间边界选择的不同会影响投资机构在时间窗内联合投资的数量、联合伙伴的差异，会影响风险投资机构的网络位置。时间窗也会影响投资机构网络规模、互惠次数以及资源的互补性，因而资源获取的广度、深度和效度也会不同，因此，为控制时间窗选择的不同对研究结果的影响，本书根据已有联合风险投资网络研究中常采用的5年时间窗，重新统计网络位置和资源获取情况。已有研究中从回归结果来看，由于时间窗的不同，回归结果也存在一定的差异，但检验结果并没有发生实质性的变化。

变量界定。变量界定也可能会影响本书经验检验的结果。首先，本书根据已有研究内容，使用特征向量中心性和中介中心性测度中心位置和结构洞位置。根据前文网络位置测度的相关研究，中心位置还常采用程度中心性进行测度，而结构洞位置也会从自中心网络的视角用效率（Efficiency）、限制度（Constraint）和等级度（Hierarchy）进行测度。由于本书只从整体网视角，按照时间窗构建了联合风险投资网络，结构洞自中心网络视角的测度很难计算，因此本书将程度中心性作为网络位置的测度，对相关变量间的关系进行了回归。回归结果见表5–13。

表5–13　网络位置与是否成功退出的Probit分析

变量	是否成功退出			退出期限		
	模型1	模型2	模型3	模型4	模型5	模型6
常数项	-1.174*** (0.000)	-1.456*** (0.000)	-1.246*** (0.000)			
中心位置	-0.033*** (0.000)	-0.099*** (0.000)	0.050*** (0.000)	0.007* (0.080)	0.043*** (0.000)	0.021*** (0.003)
中心位置^2		-0.001*** (0.000)			-0.001** (0.001)	
结构洞位置			0.069*** (0.000)			-0.042* (0.089)
结构洞位置^2						
中心位置×结构洞位置			-0.003*** (0.000)			-0.002*** (0.005)
投资年龄	0.0006 (0.832)	0.0003 (0.279)	0.0007 (0.818)	0.000 (0.427)	0.000 (0.204)	0.000 (0.296)
投资经验	-0.0002 (0.680)	-0.0008 (0.559)	-0.003** (0.012)	0.001 (0.234)	0.001** (0.230)	0.003** (0.153)
是否有外资成分	0.368** (0.013)	0.089 (0.559)	0.281* (0.063)	-0.314* (0.073)	-0.179 (0.319)	-0.241 (0.175)
时间、行业、区域固定效应	fix	fix	fix	fix	fix	fix

续表

变量	是否成功退出			退出期限		
	模型1	模型2	模型3	模型4	模型5	模型6
N	1539	1539	1539	1539	1539	1539
McFadden R-square（%）	11.93	15.77	13.55	10.28	19.79	17.23
Log Likelihood	-888.61	-849.85	-872.25	5531.88	5521.81	5524.26

注：***、**、*分别表示在显著性水平为0.01、0.05、0.1的水平下显著。

表5-13中模型1、模型2检验了中心位置（程度中心性）对是否成功退出的影响。从表中可以看出，模型1程度中心性在0.01的显著性水平下对是否成功退出有显著的负向影响，模型2中心位置的平方项在0.01的显著性水平下对是否成功退出有显著的负向影响，说明风险投资机构中心位置与其是否成功退出的关系是倒U形关系。模型3检验了中心位置（程度中心性）与结构洞位置（中介中心性）的交互对是否成功退出的影响，中心位置与结构洞位置的乘积项在0.01的显著性水平下对是否成功退出有显著的负向影响，说明风险投资机构中心位置与结构洞位置对投资绩效的影响存在替代关系。模型4、模型5检验了中心位置（程度中心性）对退出期限的影响。从表中可以看出，模型4程度中心性在0.1的显著性水平下对是否成功退出有显著的正向影响，模型5中心位置的平方项在0.05的显著性水平下对是否成功退出有显著的负向影响，说明风险投资机构中心位置与其退出期限的关系是倒U形关系。模型6检验了中心位置（程度中心性）与结构洞位置（中介中心性）的交互对退出期限的影响，中心位置与结构洞位置的乘积项在0.01的显著性水平下对是否成功退出有显著的负向影响，风险投资机构中心位置与结构洞位置对投资绩效的影响存在替代关系。以上结论与用特征向量测度中心位置的经验检验结果是一致的。

此外，由于资源获取在联合风险投资网络中没有常规的测度变量，本书主要根据风险投资机构的行为表现构建了相应指标，因此资源获取行为的测度还可以改进。在本书前文对资源获取广度的度量中，考虑的是如果联合风险投资网络中风险投资机构连接的伙伴越多，其获取资源的来源、渠道、数量就越多，因此采用风险投资机构伙伴规模来测度，但网络规模仅度量了连接数量，并没有考虑伙伴持有资源的多少，因此，即使网络规模相同，资源的数量也可能不同，因此，本书又增加了资源获取广度的测度，观察研究结果是否会受到影响。根据前文所述，网络资源主要指联合伙伴的项目流、资金规模、经验等，由于项目流的数据较难获取，本书分别把资源获取广度定义为伙伴资金规模、伙伴投资经验并进行了回归。从回归结果来看（由于篇幅限制，回归结果不再一一列出），重新界定变量后，回归结果有一定差异，但差异并不是很明显。

5.5 本章小结

本章是全书的重要章节，目的在于使用第 4 章给出的数据、变量和模型来检验第 3 章提出的研究假设。本书提出的 18 项假设中 15 项获得了支持，1 项获得了部分支持，还有 2 项没有得到支持。假设验证的结果汇总详见表 5 – 14。

表 5 – 14 假设检验结果汇总

序号	假设内容	检验结果
假设 1	风险投资机构的网络中心性对投资绩效存在倒 U 形影响	通过
假设 2	风险投资机构占据结构洞的数量对投资绩效存在倒 U 形影响	通过
假设 3a	风险投资机构占据结构洞的数量和网络中心性的交互对投资绩效有正向影响	不通过
假设 3b	风险投资机构占据结构洞的数量和网络中心性的交互对投资绩效有负向影响	通过
假设 4a	风险投资机构的网络中心性对资源获取广度具有正向影响	通过
假设 4b	风险投资机构的网络中心性对资源获取深度具有正向影响	通过
假设 4c	风险投资机构的网络中心性对资源获取效度具有负向影响	通过
假设 5a	风险投资机构占据结构洞的数量对资源获取广度具有正向影响	通过
假设 5b	风险投资机构占据结构洞的数量对资源获取深度具有负向影响	通过
假设 5c	风险投资机构占据结构洞的数量对资源获取效度具有正向影响	通过
假设 6a	风险投资机构资源获取广度对投资绩效具有正向影响	通过

续表

序号	假设内容	检验结果
假设6b	风险投资机构资源获取深度对投资绩效具有正向影响	通过
假设6c	风险投资机构资源获取效度对投资绩效具有正向影响	通过
假设7	风险投资机构中心性位置通过资源获取的中介路径影响投资绩效	通过
假设8	风险投资机构结构洞位置通过资源获取的中介路径影响投资绩效	通过
假设9	资源获取对网络位置与风险投资机构投资绩效的中介效应随着行业多样化程度的增加而增大	部分通过
假设10	资源获取对网络位置与风险投资机构投资绩效的中介效应随着分阶段投资程度的增加而减弱	不通过
假设11	资源获取对网络位置与风险投资机构投资绩效的中介效应随着本地偏好程度的增加而增大	通过

从总体上看，本书建立的网络位置对中介变量资源获取以及投资绩效关系的概念模型是基本成立的，假设验证结果表明：

（1）联合风险投资网络中，风险投资机构的中心性和结构洞两类网络位置对投资绩效具有倒U形影响。

（2）风险投资机构的两类网络位置（中心性位置和结构洞位置）对投资绩效的影响具有替代作用。

（3）风险投资机构的中心性和结构洞两类网络位置与资源获取行为具有显著影响，但两类位置对资源获取三个维度的影响不同。占据中心位置的投资机构，对网络资源获取的广度有显著正向影响，对资源获取的深度有显著正向影响，对资源获取的效度有显著负向影响。而占据结构洞位置的投资机构，对网络资源获取的广度有显著正向影响，对资源获取的深度有显著负向影响，对资源获取的效度有显著正向影响。

（4）资源获取与投资绩效间的相关关系得到实证结果支持。网络资源获取的广度、深度、效度促进了风险投资机构投资绩效的提高。

（5）资源获取在风险投资机构网络位置与投资绩效之间的中介作用得到支持。资源获取广度在网络位置与投资绩效间具有中介作用，资源获取深度在网络位置与投资绩效间具有中介作用，资源获取效度在网络位置与投资绩效间具有中介作用。

（6）投资策略的调节作用得到部分支持。行业多样化调节了资源获取对风险投资机构投资绩效的中介效应，但对资源获取不同维度的中介效应调节作用不同。本地偏好正向调节了资源获取对风险投资机构投资绩效的中介效应，而分阶段投资策略的调节作用不显著。

6 结果讨论

本章对本书的经验检验结果与研究结论进行讨论。具体包括四方面内容，第一部分探讨网络位置与投资绩效的曲线效应，第二部分探讨资源获取的中介效应，第三部分探讨投资策略对资源获取中介路径的调节效应，第四部分为本章小结。

6.1 网络位置与投资绩效的曲线效应

本书提出的假设1、假设2和假设3，分别描述了风险投资机构网络中心性和占据结构洞数量与投资绩效的关系。经验检验结果表明，当投资绩效为是否成功退出时，风险投资机构网络中心性对投资绩效有显著的倒U形影响，风险投资机构占据结构洞数量对投资绩效有显著的倒U形影响，风险投资机构占据中心位置与结构洞位置对投资绩效的影响存在一定的替代关系。假设1获得支持，假设2获得支持，假设3b获得支持。为直观地反映中心性位置和结构洞位置与投资绩效的关系，图6-1根据网络位置与投资绩效的回归结果给出了中心性位置和结构洞位置对投资绩效的曲线效应图。从图中可以看出，网络中心性与投资绩效之间存在明显的倒U形曲线关系（中心性位置取值27时，投资绩效最高），这表明在联合风险投资网络中，风险投资机构网络位置并非越中心越好，适度的网络中心性对投资机构最为有利。占据结构洞数量与投资绩效之间存在明显的倒U形曲线关系（结构洞取值13时，投资绩效最高），表明在联合风险投资网络中，风险投资机构占据结构洞数量并非越多越好，占据适度的结构洞对投资绩效最为有利。本书的实证结果表明，在一定范围内，占据较多的中心位置和结构洞位置能够提升投资绩效，但超过某一最佳点之后，继续增加会负面影响投资绩效。同样，当投资绩效为退出期限时，风险投资机构网络位置对投资绩效也有显著的倒

U 形影响。

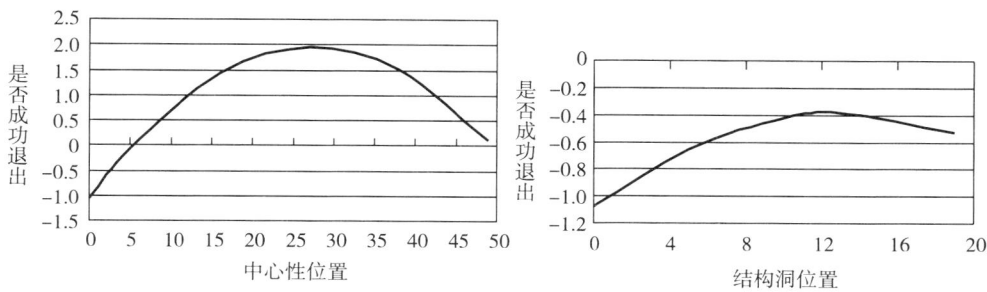

图 6-1　网络位置与投资绩效的曲线效应

本书认为，适度的网络中心性对风险投资机构投资绩效最为有利，从而使中心性位置对投资绩效产生倒 U 形曲线效应。由于中心性位置采用特征向量中心性进行测度，特征向量中心性表征的是网络最中心的行动者，特征向量中心性高的投资机构意味着其合作伙伴的特征向量中心性也高。这说明合作伙伴的选择对投资绩效有重要影响。对于这一结果，有两种可能的解释：①若投资机构的特征向量中心性高，则其合作伙伴的网络中心性也高，由于网络中心性高的投资机构有更多机会获取到所需的信息、知识和资源，因而与网络中心性高的投资机构合作也就意味着更多信息、知识和资源。②网络中心性高的投资机构可以为其合作者提高合法性支持和认证效应，因而特征向量中心性高的投资机构往往在市场中拥有较高的地位，更有可能吸引到风险资本市场上的相关市场主体与其合作。从已有研究成果和风险投资实践来看，上述两种途径可能共同发挥作用。网络中心性的建立、维护和利用并不是没有成本的（Möller & Halinen，1999），处于中心位置的风险投资机构会与越来越多的投资机构联合，会获得越来越多的项目流，面临的备选项目越来越多，过多的项目会增加项目筛选的难度；同时，中心性高的投资机构往往意味着需要选择同质性的伙伴（Podolny，2005），获得资源和信息的冗余会减少获得优质项目的机会。Davis 和 Stout（1992）的研究发现，资源冗余与企业绩效负相关。随着网络中心性的提升，风险投资机构可能会投资更多行业、更多阶段的项目，投资于过多项目会分散风险投资机构专业化水平，使其在同一个项目上投入精力过少。另外，特征向量中心性的提升意味着合作伙伴的网络中心性也提升了，风险投资机构面临的网络成本也就越高，其拥有的资源和信息冗余会导致控制的缺乏（Gulati，2007），信息超载（Jääskeläinen，2009），使其筛选出优秀项目的可能性下降，而投资于过多的风险项目会降低风险投资机构提供的监督和增值服务质量。

当投资绩效为是否成功退出时，本书认为，占据适度数量的结构洞位置对风险投资机构投资绩效最为有利，从而使结构洞位置对投资绩效产生倒 U 形曲线效应。由于结构洞位置采用中介中心性进行测度，中介中心性表征的是一个个体在多大程度上成为其他行动者的桥梁或在多大程度上能控制他人的程度，可以用来衡量一个活动中的投资机构在联合中获得异质信息的能力。这说明基于结构洞能获得非冗余信息和信息控制的优势，占据结构洞位置的风险投资机构对投资绩效有重要影响。对于这一结果可能的解释是：若风险投资机构中介中心性高，其作为其他风险投资机构桥梁的数量就多，易于获取多样化、异质性的信息和资源，会拥有更大的项目选择集合，吸引到其他投资机构与其合作；还可以根据自身利益来控制信息的流量和信息内容，以满足自身项目选择的需要，促进了组织学习功能，可以更为有效地解决项目评估过程中的信息不对称和不确定性，提供高质量的增值服务。随着风险投资机构占据越来越多的结构洞，当占据结构洞超过一定数量，其他投资机构会对焦点风险投资机构缺少信任，在提供相关投资机会与资源时有所保留，从大量异质性的资源中获取最有利用价值的资源需要耗费大量的成本，结构洞将导致冲突、协调困难、机会主义等问题，妨碍网络成员之间有效的知识交换（Ahuja，2000；Lechner & Floyd，2010），这无疑增加了风险投资机构的资源获取成本，抑制了投资绩效的提升。

网络位置与投资绩效的曲线效应与创新领域（Ahuja，2000；Lechner & Floyd，2010）研究结论是一致的。联合风险投资网络中，风险投资机构必须追求有利的网络位置，适度占据中心位置和结构洞位置，从而促进投资绩效的提升。这个结论是已有针对欧美风险资本市场网络位置正向影响投资绩效的相关研究结论（Hochberg, Ljungqvist & Lu，2007；Abell & Nisar，2007）的补充。与国内的相关研究（党兴华，2011）认为中心位置对投资绩效有正向影响，结构洞位置对投资绩效影响不显著的结论也是不一致的。究其原因，一是由于网络位置和投资绩效测度的方法不同。采用整体网和自中心网，以及采用不同的时间窗都会影响网络位置的测度结果；而投资绩效本身，也可能受到多方面因素的影响，例如项目退出的时间长短还更可能受到项目质量（如投资阶段）和市场环境（退出条件、市场竞争）等因素的影响。二是由网络位置对投资绩效影响机理的复杂性引起的。从第 5 章经验检验的结果可以看出，网络位置对资源获取不同维度的影响是不同的，同时受到投资策略的不同影响，因此各种影响关系之间有可能相互抵消，导致网络位置对投资绩效的影响不显著。因此，有必要在以后的研究中进一步地进行经验检验，在后面网络位置对投资绩效影响机理的解释中进一步详细讨论。

另外，由于风险投资机构占据结构洞的数量和网络中心性的交互对投资绩效有负向影响，表明同时发展两种位置不利于投资绩效的提高，同时追求两种网络位置存在矛盾。这与 Podolny（2005）的研究结论是一致的。从两种位置的产生可以看出，中心位置意味着需要选择同质性伙伴，而增加结构洞意味着在不同的伙伴间建立联系。由于两种网络位置需要不同的学习机制和技能，同时追求这两种网络特征会导致管理上的困难和低绩效（Koka & Prescot，2008），当投资机构的资源已经多元化且网络成员间的关系较为紧密时，占据中心性位置的风险投资机构其追求结构洞位置的动机下降。因此，两种位置不利于同时发展。

本书检验了中心性位置和结构洞位置对投资绩效的影响，为了更好地理解网络位置作用于投资绩效的曲线效应，需要引入中介变量，解释曲线效应是如何产生的。

6.2 资源获取的中介效应：解释曲线效应存在的原因

前文实证检验了网络位置对投资绩效的曲线效应。接下来讨论资源获取行为的中介效应。本书提出的假设 4 和假设 5，分别描述了中心性位置和结构洞位置与资源获取广度、深度、效度的关系。经验检验结果表明，风险投资机构的中心性位置对资源获取广度有显著的正向影响，对资源获取深度有显著的正向影响，对资源获取效度有显著的负向影响。风险投资机构的结构洞位置对资源获取广度有显著的正向影响，对资源获取深度有显著的负向影响，对资源获取效度有显著的正向影响。本书提出的假设 4a、假设 4b、假设 4c 和假设 5a、假设 5b、假设 5c 都获得支持。本书提出的假设 6 描述了资源获取与投资绩效的关系。经验检验结果表明，风险投资机构资源获取广度对投资绩效具有正向影响，资源获取深度对投资绩效具有正向影响，资源获取效度对投资绩效具有正向影响。本书提出的假设 6a、假设 6b、假设 6c 获得支持。本书提出的假设 7 中心性位置通过资源搜索的中介路径影响投资绩效。假设 8 结构洞位置通过资源搜索的中介路径影响投资绩效，都获得了支持。以上研究结论既表明了资源获取的中介效应，又解释了网络位置与投资绩效的曲线效应。

资源获取广度在网络位置与投资绩效间具有中介效应。这是由于风险投资机构往往难以通过市场交易手段去获取所需资源，往往利用社会关系以较低成本获得相关资源和信息支持。网络位置会影响投资机构联结的数量，从而影响其资源获取的数量和范围。网络中心性越高的投资机构，越具有多重的联结，可以及时获得更多的有关投资机会、风险项目和风险企业家的信息，可以掌握更多的有关潜在投资机会的信息，资源获取的数量越多、范围越大。这与徐梦周和蔡宁（2011）的研究结论是一致的。占据结构洞位置的投资机构可以通过与不同的投资机构建立非冗余的联系，成为联结不同群体之间的桥梁，广泛参与到多个联合投资中，在其自我中心网络中就可以获得足够的资源，可以接近许多不同的信息流，获得更多更新的非重复信息，扩大了资源获取的广度。这与结构洞有利于获取非冗余信息，补充原有企业知识存量的不足（Cassi & Plunket, 2014）的研究结论是一致的。丰富的信息流和广泛的联系，能够促使投资机构参与更多的联合投资，有更多的联合伙伴，有更多渠道获取网络资源，从而投资到更多的、质量好的、分布在不同的行业、区域和发展阶段的风险企业，而不必是它们现有的、直接的技能所局限的投资范围。因而投资机构可以扩大项目选择集合从而选择到高质量的风险项目、降低项目选择所面临的不确定性从而提供项目选择效率；可以获取到更多的"第二者意见"为风险项目提供高质量的增值服务，从而提高投资绩效。

资源获取深度在网络位置与投资绩效间具有中介效应。这是由于网络位置会影响投资机构间互惠的程度和关系的强弱。中心性越高的投资机构，在信息的选择以及获取渠道方面越具有优势，越容易吸引其他投资机构邀请其进行联合投资，导致投资机构之间的互惠与依赖，而互惠与依赖与资源承诺又有着直接的关系，提高了投资机构之间的关系质量。这与中心性位置提高投资机构间互惠程度的研究结论是一致的（Ozdemir, 2006）。而占据结构洞位置的投资机构可以接近多样化、异质性的信息流，并具有信息优势和控制优势。他们可以通过与不同的投资机构建立非冗余的联系，成为联结不同群体之间的桥梁，其弱联结、非紧密的网络关系同样影响

6 结果讨论

了其获取资源的质量。而资源获取深度越强的投资机构,可以通过互惠获取到的项目流和项目信息就越多,获取的可靠信息就越多,从而选择到高质量的风险项目的可能性越大。由于信任紧密的网络关系,伙伴间资源交换的可靠性越强,相互信任和默契的伙伴关系越会促进更有效率的合作,可以有效缓解事后信息不对称所导致的代理问题和道德风险,提高投资后监督和增值服务的能力。

资源获取效度在网络位置与投资绩效间具有中介效应。这是由于网络位置会影响投资机构间获取资源的互补性。中心性越高的投资机构,与其有直接联系的投资机构越多,越可能成为各种资源聚集的中心,有助于投资机构发现和学习各种知识和经验。占据结构洞的投资机构处于不同群体间的信息交汇地带,联结的伙伴所掌握的资源多样性程度越高,越有更多的机会获取异质性知识资源,并且占据结构洞的投资机构控制着信息的流动方向,对网络有更全面的理解,这与结构洞有利于获取非重复的异质性知识(Rodan,2010)、能提供与远距离具有多种资源的参与者联合的机会、带来更多多元化信息(Lorenzo & Anne,2013)的研究结论是一致的。而有效的资源来源于基于信任、互补性的伙伴,网络资源的价值创造会由于这些资源的补足性而不同。资源获取的互补性越高,越会促使投资机构进入所不熟悉的领域,可以扩大项目选择集合从而选择到高质量的风险项目。还可以掌握多样性的资源,扩充自身的资源存量,从而对市场上新出现的投资机会进行客观准确的评估。异质性的资源还有利于投资机构相互学习,提高项目评估能力,为风险项目提供有效的增值服务。

实证结果表明,网络位置与投资绩效存在倒 U 形曲线效应。根据资源获取中介效应的检验,我们发现,不同的网络位置既会对资源获取的广度产生影响,也会对资源获取的深度和效度产生影响,而资源获取又会对投资绩效产生正向影响,但两类网络位置对资源获取行为的不同,维度的影响不同。如果风险投资机构的网络中心性过高,尽管有利于获取到更大范围、更多数量的资源,也有利于与联合伙伴形成基于信任的紧密连接,产生更多的互惠、获取更有价值的资源,但在资源获取的互补性方面可能存在很大困难,资源冗余不利于资源的有效转移和利用,难以真正提高投资绩效。与中心性位置的投资机构不同的是,如果风险投资机构占据过多的结构洞位置,有利于获取更多数量、多样性的资源,但由于弱联结非紧密的网络关系,获取资源的质量不足,对投资绩效的促进作用十分有限。因此,适度的网络中心性和结构洞数量对风险投资机构投资绩效的提升才是有利的,风险投资机构需要适当的平衡资源获取的不同维度。

6.3 投资策略对资源获取中介路径的调节效应

由于资源获取主要强调利用外部网络组织提供的资源,但组织间联合风险投资网络并不是投资机构内部能力的简单替代品,联合风险投资网络为风险投资机构提供了资源获取的渠道,但吸收和利用这些资源离不开风险投资机构自身的特征。因此本书讨论投资策略对资源获取中介路径的调节效应。本书提出的假设9、假设10和假设11分别描述了风险投资机构行业多样化、分阶段投资、本地偏好投资策略对资源获取中介路径的调节效应。

6.3.1 行业多样化的调节效应

经验检验结果表明,行业多样化程度对资源获取中介效应的调节效应具有差异性,行业多样化程度对资源获取广度的中介效应具有正向的调节效应,行业多样化程度对资源获取深度的中介效应具有负向的调节效应,行业多样化程度对资源获取效度的中介效应具有负向的调节效应。假设9得到部分支持。为直观反映行业多样化的调节效应,图6-2根据回归结果,给出了中心网络位置一定时,行业多样化(均值加减一个标准差)对资源获取与投资绩效之间关系的调节效应。从图中可以看出,行业多样化的投资机构,资源获取广度和投资绩效之间回归线的斜率越大;行业专业化(行业多样化程度低)的投资机构,资源获取广度和投资绩效之间回归线的斜率越小。相反,行业多样化的投资机构,资源获取深度、效度和投资绩效之间回归线的斜率越小;行业专业化的投资机构,资源获取深度、效度和投资绩效之间回归线的斜率越大。

研究结论表明,联合风险投资网络并不是风险投资机构内部能力的简单替代品。有利的网络位置为资源获取提供了优势,而风险投资机构自身行业多样化水平调节了资源获取与投资绩效之间的关系,并且其对资源获取不同维度与投资绩效之间关系的调节效应是不同的。行业多样化对投资绩效具有两种相反的影响,既可能对投资绩效产生正向的影响(De Clercq & Dimov, 2004; Matusik & Fitza, 2012),也可能对投资绩效产生负向的影响(Knil, 2009)。因此,当资源获取广度越大时,投资机构行业经验越多,不仅为寻找问题解决方法提供了更大的选择

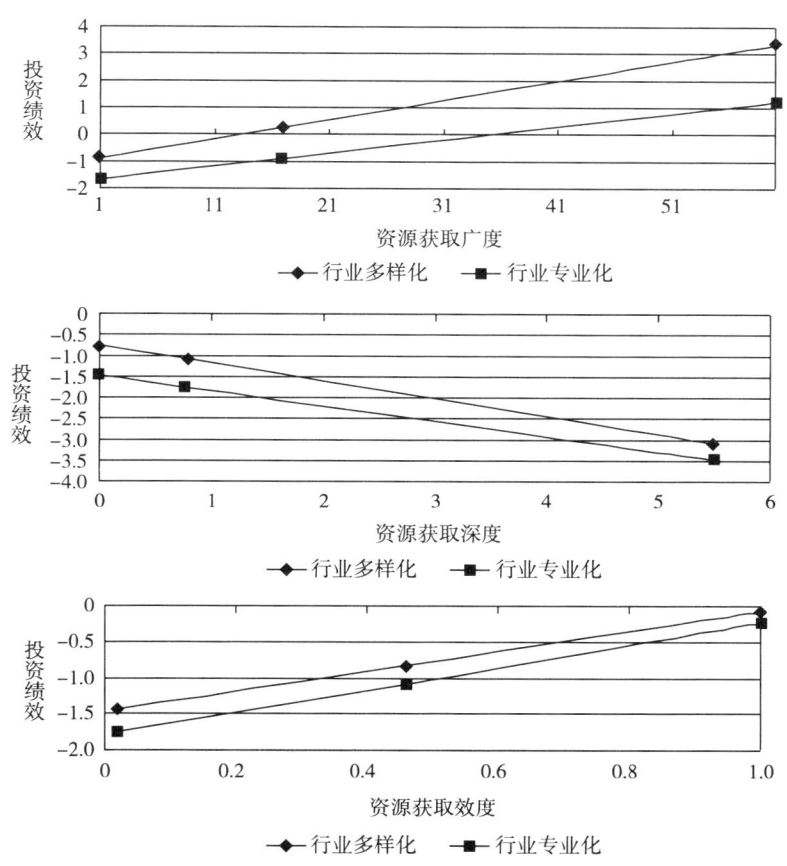

图 6-2 行业多样化的调节效应

空间(Ahuja & Katila, 2001; March, 1991), 也使得风险投资机构在多个领域内辅导初创企业, 在更多的领域内胜任对初创企业的监督和指导(Matusik & Fitza, 2012)。因此, 行业多样化正向调节了资源获取广度与投资绩效之间的关系。这与 Beckman 和 Haunschild(2002)的知识多样性有助于促进企业学习的深度、广度及速度, 从而有利于提升企业绩效的研究结论是相同的。当资源获取深度越大时, 意味着投资机构获取的信息和资源更有价值, 投资机构行业经验多样化在减少风险的同时, 要同时维系众多关系, 增大了交易成本(Kanniainen & Keuschniggc, 2003), 尽管多样化的行业经验可能为处理复杂问题提供更多的选择, 有利于寻找解决方法, 但只有专业化的知识储备有利于最小化协调风险投资家与企业家之间的成本,便于特定领域内更有效的信息处理,使得风险投资家的经验和知识可以向风险项目转移(Grant & Baden-Fuller, 2004; Heeley & Matusik, 2006; Simon, 1991)。因此行业多样化负向调节了资源获取深度与投资绩效之间的关系。当资源获取效度越大时,意味着投资机构获取的资源互补性越强。投资机构行业经验异质性促使投资机构进入所不熟悉的领域,但专业化在风险控制和增值方面比多样化有效处理信息的效率高(Jenner, 2013),越是互补性强的资源,越需要专业化的投资机构有效地转移和利用这些资源。因此,行业多样化负向调节了资源获取效度与投资绩效之间的关系。

6.3.2 分阶段投资的调节效应

分阶段投资对资源获取的中介效应不具有调节效应,假设10没有获得支持。这一研究结果表明分阶段投资策略虽然对投资绩效有直接影响,但不能够改变网络资源获取对投资绩效影响的程度。

尽管分阶段投资策略可以减少信息不对称的程度(Cumming & MacIntosh, 2001),有缓解代理风险作用(Manigart, Lockett & Meuleman, 2006),监控企业进程(Kaplan, 2005),但分阶段投资使得风险投资机构在每一轮投资之前都需要投入大量时间和精力去调查风险企业,并进行谈判、重新起草新的契约合同,这些都将增加风险投资机构谈判与契约成本(Tian, 2010)。还需要风险投资机构在每一轮投资之前选择伙伴特定的资源,并将获取的资源转化为自身的能力,这提高了风险投资机构将外部资源转换为内部能力的成本(Jensen & Meckling, 1992)。网络各种资源反复的共享与协调,需要明确的制度或规则来支持(Kogut & Zander, 1992),发展不成熟的风险投资机构很难有实力和经验去推动分阶段投资策略中组织间资源的共享、整合与利用。分阶段投资协调了风险投资家与创业企业家之间的关系,有助于对风险企业家形成有效的约束,降低了风险投资家的投资风险,激励企业家更加努力地工作,减少由于决策不当所造成的潜在损失,减少道德风险。但分阶段投资不利于联合伙伴间关系的有效利用。尽管分阶段投资策略有助于风险投资机构收集项目发展潜力信息,但多阶段投资导致风险投资家在各个风险项目的投入过于单薄(Jenner, 2013),多样化的投资优势无法完全显现(Matusik & Fitza, 2012),不利于风险投资机构对各个企业的运作细节做出评判,也不利于投资机构有效应对风险企业不同阶段的不确定性事件,风险投资机构投资前的有效评估和投资后的管理监督的能力会随着分阶段投资程度的提高而降低。因此,分阶段投资策略对资源获取效度与投资绩效之间的关系不具有调节效应。

6.3.3 本地偏好的调节效应

本地偏好对资源获取的中介效应具有正向的调节效应,假设 11 获得支持。为直观反映本地偏好的调节效应,图 6-3 给出了中心网络位置一定时,本地偏好(均值加减一个标准差)对资源获取与投资绩效之间关系的调节效应。从图中

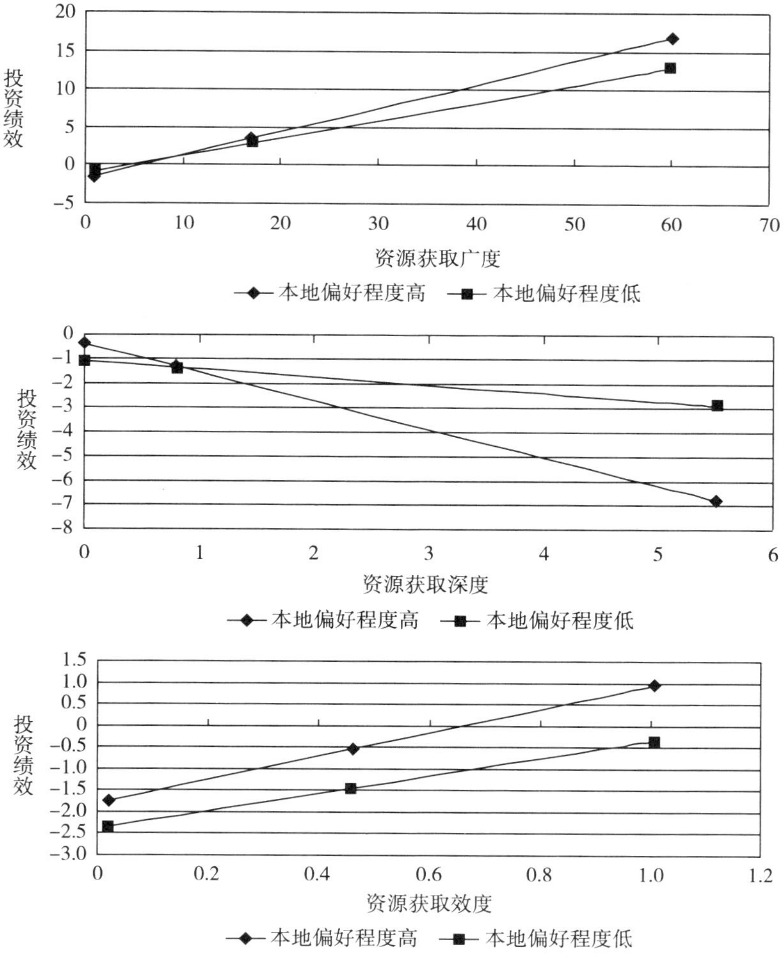

图 6-3 本地偏好的调节效应

可以看出，本地偏好程度越高的投资机构，资源获取和投资绩效之间回归线的斜率越大；本地偏好程度越低的投资机构，资源获取和投资绩效之间回归线的斜率越小。表明风险投资机构本地偏好能够促进资源获取对投资绩效的影响。

本书表明地理分布与网络空间的分布不仅对风险投资机构投资绩效具有独立效应，也存在交互效应。由于地理邻近性而产生的本地偏好不仅对投资绩效有直接影响（王曦，2014），而且能够改变网络资源获取对投资绩效影响的程度。本地偏好是风险投资机构与投资组合之间空间分配的方式，风险投资机构与被投企业间的地理临近促使投资机会在发现（Wright，Pruthi & Lockett，2005）和筛选（Cumming & Johan，2006）项目时的成本较低，促进了获取的网络资源在组织之间的扩散和流动。而且，本地偏好还有利于机构间信息的充分交换，降低了知识在组织间网络转移的难度，使得较近企业的管理和监控相比较远的企业会更容易（Mason & Harrison，2002；Bengtsson & Ravid，2009）。本地偏好程度高，增加了风险投资机构在发现、筛选和监管项目时的优势（Sorensen & Stuart，2001；Powell，Koput & Bowie，2002）。因此，本地偏好有利于风险投资机构提高获取信息渠道的有效性，有利于从获取到的信息中进行有效的筛选，能将内外部资源进行更有效的利用，选择质量更高的项目，并减少监控成本、及时提供有效的增值服务。本地偏好更有利于资源获取对投资绩效的影响，对资源获取的中介效应具有正向的调节效应。

6.4 本章小结

本章根据第 5 章经验检验的结果，对网络位置与投资绩效的曲线效应、资源获取的中介效应对曲线效应存在的解释、投资策略对资源获取中介路径的调节效应进行了总结及深入的分析和讨论。

7 研究结论与展望

本章是全的总结性章节，主要包括三方面内容：首先对本书的主要研究结论及研究意义进行总结；其次概述本书研究的主要创新点；最后探讨本书研究存在的不足以及未来研究可考虑的拓展方向。

7.1 主要研究结论及意义

7.1.1 主要研究结论

为深入分析风险投资机构的网络位置对投资绩效的影响机理，本书结合联合风险投资理论、社会网络理论、资源观理论，构建了风险投资机构网络位置影响资源获取进而影响投资绩效的理论模型，并进一步探讨了投资策略对资源获取中介路径的调节效应。对于投资机构的网络位置，本书从中心性和结构洞两个角度进行刻画，对于资源获取行为主要从资源获取的广度、深度和效度三个方面度量，对于投资机构的投资绩效，本书使用间接度量法采用是否成功退出和退出期限进行度量。在理论分析之后，以中国风险资本市场为研究对象，通过对119家风险投资机构的联合数据以及1539轮投资数据，运用多元回归分析、中介效应模型和调节的中介效应等统计分析方法对提出的理论模型和假设进行了实证检验。通过文献梳理、理论分析、研究设计以及实证分析，本书得出了如下一些有意义的结论。

第一，风险投资机构的网络位置与投资绩效有显著的关系，在联合风险投资网络中，风险投资机构中心性和结构洞两类网络位置对风险投资机构投资绩效具有倒U形影响。在联合风险投资网络中，风险投资机构的网络中心性和占据结构洞的数量并非越多越好，有利的网络位置具有适度的网络中心性、占据适度的结构洞数量。同时，风险投资机构中心性位置和结构洞位置对投资绩效的影响具有替代作用。

第二，风险投资机构的网络位置对资源获取行为有显著的影响，资源获取对投资绩效有显著的影响，资源获取在网络位置与投资绩效之间具有中介作用。不同的网络位置对资源获取行为的影响不同。网络中心性越高的风险投资机构，越有利于增加网络资源获取的广度和资源获取的深度，但不利于增加资源获取的效度；占据越多的结构洞位置，越有利于增加网络资源获取的广度和资源获取的效度，不利于增加网络资源获取的深度。同时，网络资源获取的广度、深度、效度促进了风险投资机构投资绩效的提高。正是由于不同网络位置对资源获取行为的影响以及资源获取的中介效应，进一步解释了网络位置对投资绩效影响的曲线效应。

第三，投资策略对资源获取中介路径的调节效应得到部分支持，但不同的投资策略调节效应存在差异。实证结果表明，行业多样化对资源获取中介路径具有调节效应，并且对资源获取不同维度的调节效应具有差异性，行业多样化对资源获取广度的中介效应具有正向的调节效应，行业多样化程度对资源获取深度的中介效应具有负向的调节效应，行业多样化程度对资源获取效度的中介效应具有负向的调节效应。本地偏好对资源获取中介路径具有调节效应，并且对资源获取不同维度都具有正向调节效应，而分阶段投资策略对资源获取中介路径没有调节效应。

7.1.2 研究意义

7.1.2.1 研究结果理论贡献

本书基于结构—行为—绩效的研究范式，结合社会网络、资源基础观等理论，建立了网络位置通过资源获取进而影响风险投资机构投资绩效的理论模型，提出了网络位置、资源获取、投资绩效之间的相互作用关系，并考察了投资策略对于资源获取与投资绩效之间关系的调节作用，实证检验了提出的相关假设，研究结论在理论上有一定的启示意义，与以往研究相比，本书的理论贡献主要体现在以下几个方面：

（1）从社会网络与资源观相结合的视角，对中国联合风险投资网络中风险投资机构绩效展开了研究，为风险投资研究提供了一个新的研究视角。风险投行业经过长期的发展,投资机构间的联合关系具有了网络组织的显著特征,除了从风险投资机构个体的视角和联合投资辛迪加的视角研究联合投资,还应该从网络视角对联合投资展开研究。在这一视角的研究中,标志性的研究成果有 Sorenson 和 Stuart (2001,2008)分别在 *American Journal of Sociology* 以及 *Administrative Science Quarterly* 上发表的两篇论文,以及 Hochberg、Ljungqvist 和 Lu 在 *Journal of Finance* (2007,2010)上发表的两篇论文,以及 Guler Guillén (2010)在 *Academy of Management Journal* 上发表的一篇论文。这些重要成果的出现,证明了从网络视角研究联合风险投资的必要性和科学性,补充和完善了联合风险投资理论,标志着一个新研究领域的兴起——联合风险投资网络。然而,从国内的情况看,从网络视角研究联合风险投资的文献极少见到。社会网络理论指出,在个体交互过程中,个体的行为通过关系会影响社会结构,同时,社会结构反过来也会影响个体的决策和行为。另外,资源观理论解释了网络环境中企业的竞争优势来源与绩效差异,认为企业依靠获取外部资源或实现对内部闲置资源的利用推动企业发展,企业的网络行为具有显著的"资源导向"。因此,本书从资源获取的中介作用出发,研究了资源获取行为将网络位置向投资绩效转化的传递机制,从而揭示了网络位置对投资机构绩效的作用机理。本书将社会网络与资源观理论相结合,对中国联合风险投资网络中风险投资机构绩效展开了研究,是对已有联合风险投资网络相关研究的补充与扩展。

(2)揭示了不同网络位置影响投资绩效的资源获取路径,明确了不同类型的网络位置在资源获取方面的差异性,对社会网络理论以及资源基础观理论有所贡献。

已有研究表明,由于不同网络组织具有不同的特性,在不同网络组织中具有相同网络结构特征所产生的影响是不同的。即便是在同一个网络组织中,由于不同行动者自身的其他特征不同,不同行动者具有相同的网络结构特征所产生的影响也是不同的 (Tsai, 2001; Whittington, Owen – Smith & Powell, 2009; Lavie, 2006)。虽然国内外学者已经对风险投资机构网络位置对投资绩效的直接影响有所涉及,但没有进一步研究网络位置在什么情况下、以何种方式对投资绩效起作用,对网络位置促进风险投资机构绩效的作用机理研究不足。本书发现了不同网络位置的投资机构具有不同的网络资源获取需求,也具有不同的网络行为,其在获取网络资源上有质与量的差异。资源获取与利用是风险投资机构通过网络嵌入的最本质需求。风险投资机构嵌入联合风险投资网络的网络行为具有显著的"资源导向"。因此，本书基于资源观的视角，以联合风险投资网络中的资源获取行为为切入点，将社会网络理论、资源基础观理论、联合投资理论置于一个框架中，建立了不同的网络位置影响投资绩效的资源获取路径，为揭示网络位置影响投资绩效的黑箱，推进网络位置如何作用于投资绩效的理解提供了分析思路。

以往对于网络位置与投资绩效的中介作用关系的研究极为缺乏，本书发现，不同网络位置投资机构的资源获取行为具有差异性，这一发现增添了网络位置对资源获取行为，以及资源获取行为对投资绩效作用关系的理论解释，对已有文献是一个重要的补充。这些研究不仅丰富和补充了资源观理论以及社会网络理论相关研究，也为投资机构合理利用其网络资源进而提高投资绩效提供了实践支持。

（3）本书发现，网络位置影响投资绩效的资源获取中介路径会受到不同投资策略调节效应的影响，进一步证明了权变理论在解释网络影响投资绩效关系中具有重要的理论支撑价值。网络组织功能的权变特征是近年来社会网络领域的一项重要研究内容。已有研究表明，投资策略对资源获取中介路径有调节效应，并发现不同投资策略（行业多样化、分阶段投资、本地偏好）对资源获取中介效应产生不同的影响。行业多样化对资源获取广度的中介效应具有正向的调节效应，行业多样化程度对资源获取深度的中介效应具有负向的调节效应，行业多样化程度对资源获取效度的中介效应具有负向的调节效应。本地偏好对资源获取不同维度都具有正向调节效应，而分阶段投资策略对资源获取中介路径没有调节效应。以往研究中，对联合风险投资网络的研究仅仅关注了结构属性、关系属性，但是对组织如何获取网络资源并影响投资绩效的解释还需要考虑网络组织成员的自身属性，分析风险投资机构如何有效利用网络资源来提升投资绩效。需要在权变的视角下，综合考虑网络资源获取、利用对投资绩效影响的综合效果，考虑资源获取与投资策略间的相互匹配模式。因此，本书证明了权变理论在解释网络影响投资绩效关系中的重要作用。另外，现有投资策略对投资绩效的影响研究仅仅从投资策略的某一个方面进行考察。本书基于风险投资机构实践中同时采取多种投资策略的普遍现象，全面地探索三种投资策略的调节效应。

（4）为风险投资的国际比较研究增添了新的内容。风险投资的国际比较也是风险投资的重要研究领域之一，学者们对于中国风险资本市场与其他国家风险资本市场之间的差异给予了极大的关注。已有研究表明，由于不同国家（或地区）市场中制度、文化之间的差异，中国的风险资本市场与西方风险资本市场之间存在显著差异。比如北美（美国）、欧洲大陆（德国）、亚洲（中国）的风险资本市场就存在很大差异（Schwienbacher，2008），中国风险资本市场与西方风险资本市场制度之间存在着差异（Bruton & Ahlstrom，2003）。本书的研究表明，网络位置与投资绩效存在曲线效应，这与创新领域 Ahuja（2000）、Lechner 和 Floyd（2010）的研究结论是一致的，与已有针对欧美风险资本市场网络位置正向影响投资绩效的相关研究结论（Hochberg，Ljungqvist & Lu，2007；Abell & Nisar，2007）以及国内相关研究（党兴华，2011）的中心位置对投资绩效正向影响、结构洞位置对投资绩效影响不显著的结论是不一致的，有助于解释以往研究中存在的相互冲突的结论，同时也丰富了已有的研究结论，为风险投资的国际比较研究增添了新的内容。

7.1.2.2 研究结果实践意义

提高投资绩效是风险投资机构识别筛选项目、监督提供增值服务的目标，风险投资机构参与联合投资、构建联合风险投资网络都需要考虑这一目标。本书获得的结论为风险投资实践者有效提高投资绩效、参与联合投资、发展网络位置、获取网络资源提供了重要的理论依据和实践指导。

第一，本书的研究有助于风险投资机构确定发展战略。随着经济全球化的推进，我国风险投资行业面临着竞争激烈的外部环境，仅仅依靠自身拥有的资源难以实现领先的竞争优势，提高投资绩效。可选的战略是与行业中的其他投资机构建立战略联盟，构建联合风险投资网络，通过联合伙伴的帮助，获取有价值的信息、知识，弥补自身资源和能力的不足。尽管本书只研究了联合风险投资网络，但风险投资实际操作中还存在更广泛的网络，风险投资机构可以有效地构建资源网络以促进自身的发展。

第二，本书的研究有助于风险投资机构发展理想的网络位置。本书的研究表明，风险投资机构中心性位置和结构洞位置与投资绩效具有倒 U 形关系，且中心性位置和结构洞位置对投资绩效的影响具有替代关系。因此，在提升风险投资机构投资绩效的过程中，网络位置对于风险投资机构而言是有意义的，投资机构可以根据自身的发展和需求，发展不同（中心性和结构洞）的网络位置。根据研究结论，一方面，风险投资机构在联合风险投资网络中的中心位置和结构洞位置对投资绩效的提升存在最佳点，并不是越中心和占据结构洞数量越多的网络位置越是最优的；另一方面，网络位置有助于投资机构获取外部的网络资源，网络获取资源的便捷性、获取资源的可靠性以及获取资源的互补性是应该着重考虑的问题。不同的网络位置，其资源获取行为的选择对投资绩效产生的影响不同。无论是中心性位置，还是结构洞位置，都有利于增强资源获取的广度，但对资源获取的深度和效度的影响不同。因此，风险投资机构还可以根据资源获取的不同需求有针对性地发展网络位置。

第三，本书的研究有助于风险投资机构投资策略的选择。风险投资机构的投资策略对风险投资机构投资绩效具有重要意义，投资策略不仅对投资绩效具有直接影响，还会改变资源获取对投资绩效影响的程度。当风险投资机构采用行业多样化的投资策略时，提升了资源获取广度对投资绩效的影响程度，但降低了资源获取深度、资源获取效度对投资绩效的影响程度。也就是说，当投资机构处于有利的网络位置时，行业多样化策略对资源获取中介作用的调节效应是复杂的，需要根据投资机构资源获取行为来决定是采用多样化还是专业化的投资策略。当风险投资机构采用本地偏好投资策略时，提升了资源获取对投资绩效的影响程度。这就是说，与投资组合的地理邻近，提高了网络资源的利用能力，即便在网络和信息技术日益发展的环境下，风险投资机构还应该尽量采用本地偏好策略。由于分阶段投资对资源获取—投资绩效的关系不具有调节作用，所以更应该考虑分阶段投资策略对投资绩效的直接影响。综上所述，风险投资机构在进行投资策略选择时，应该从权变的视角，考虑资源获取与投资策略间的相互匹配模式，还应该考虑投资策略对绩效的直接影响，有效利用投资策略来提升投资绩效。

7.2 研究创新点

通过对比本书与前人的相关研究，本书的创新点主要体现在文献梳理、研究视角、理论架构、研究发现几个方面，具体内容如下：

第一，通过梳理社会网络理论、资源基础观理论的相关文献，厘清了网络位置、资源获取、投资策略、投资绩效间的关系，发现投资机构间的联合投资关系具有网络组织的特征，网络中应该包含风险投资机构、网络资源和网络行为三种彼此依存的网络元素。网络对绩效的影响除了关注静态的网络结构，还应关注具有能动性的行动者。风险投资机构嵌入联合风险投资网络的网络行为具有显著的"资源导向"，风险投资机构除了受到外在网络结构带来的限制，还会与其他投资机构形成相互依赖的互动。本书将社会网络、资源基础观、联合投资理论相结合，应用于中国情境下风险投资机构投资绩效的研究，为风险投资的研究提供了一个新的研究视角。

第二，基于结构—行为—绩效的研究范式，构建了网络位置—资源获取—投资绩效的关系模型，探讨了风险投资机构网络位置作用于投资绩效的中介路径。本书从联合风险投资网络功能、网络行为资源导向的特点出发，对联合风险投资网络中网络位置、网络资源、资源获取的内涵及分类进行了分析与界定，从理论上廓清了联合风险投资网络的重要构成，分析了网络位置对投资绩效、网络位置对资源获取、资源获取对投资绩效的影响，采用大样本对所构建的概念模型及研究假设进行了实证检验。该理论框架对不同网络位置影响资源获取的研究空白是一个有益的补充，有助于深入认识网络位置影响投资绩效的作用机理，对于把握不同网络位置投资机构在网络中的资源获取行为具有重要意义。

第三，实证检验了中心性位置和结构洞位置对风险投资机构投资绩效的曲线效应，厘清了中心性位置和结构洞位置的交互关系对投资绩效的影响。以往研究更多的是关注网络位置对投资绩效的直接影响，鲜有探究网络位置对投资绩效影响机理的研究。本书根据社会网络方法，利用国内专业数据库构建了联合投资网络，研究发现，风险投资机构从中心性位置和结构洞位置提升投资绩效存在最佳点，过高/低的中心性和占据过多/少的结构洞位置都不利于投资绩效的提升。研究还发现，中心性位置与结构洞位置对投资绩效的影响具有替代关系。实证研究结果证明了从中心性和结构洞两个方面研究网络位置的必要性，也有助于解释以往研究中存在的相互冲突的研究发现。

第四，结合网络结构特征、网络行为与成员属性，考察了风险投资机构投资策略对资源获取中介路径的调节效应。已有研究强调了网络对资源获取行为的影响，忽略了网络行为者自身属性对资源整合利用的能动性。本书研究发现，风险投资机构投资策略是资源获取影响投资绩效的权变因素，不同投资策略（行业多样化、分阶段投资、本地偏好）对资源获取中介路径的调节效应不同。这一研究结论有助于我们理解投资策略整合利用网络资源的不同作用，投资策略作为联合风险投资网络中投资机构的成员属性，是重要的调节资源获取影响投资绩效的权变因素。

7.3 研究局限与展望

第一，本书研究以中投集团 CVSource 专业数据库的数据为样本，但并未对数据质量和可靠性进行进一步的论证。研究中发现，CVSource 数据库中存在不少的数据缺失、遗漏，但由于统计口径和样本选择标准不同等原因，错误、缺失的数据很难通过其他数据库进行补足。国外风险投资研究中学者们常使用 VentureOne 和 Venture Economics 这两个数据库，国内风险投资研究中，学者们常使用清科数据库和 CVSource 数据库。虽然直接研究数据库数据质量的文献尚未见到，但国外研究已表明大型商业数据库存在数据遗漏、样本偏误等问题。比如，Kaplan、Sensoy 和 Strömberg（2003）的研究表明，VentureOne 和 Venture Economics 遗漏了大约 15% 的投资轮次，而且这两个数据库都存在数据偏误的问题。Maats、Metrick 和 Yasuda（2011）的研究也表明，VentureXpert（即 Venture Economics）和 VentureSource（VentureOne 的产品）的数据存在数据偏误、数据遗漏、数据不准确等问题。这些研究都表明，依据大型商业数据库的数据进行研究可能会出现偏误乃至于错误。因而，CVSource 数据库的数据质量有可能会影响本书的研究结论。因此，在今后的研究中，有必要收集、整理、建立关于中国风险投资研究的数据库，对不同的数据来源进行科学分析，力求提高研究数据的质量和可靠性。

第二，相关变量的测度存在局限性。对于风险投资机构的投资绩效，本书使用退出绩效进行间接度量，而没有使用收益类数据直接度量。虽然在国内外关于风险投资机构投资绩效的相关研究中，大多使用间接度量法，而且这种度量方法被证明是比较有效的（Hochberg, Ljungqvist & Lu, 2007），但使用收益率数据度量投资绩效毋庸置疑是最理想的，间接度量法可能会存在一定的偏误。虽然在现阶段由于数据的限制无法实现对投资绩效的直接度量，但随着风险投资业及相关专业数据库的发展，可考虑进一步采用直接度量法来度量投资绩效，以提高研究结论的准确性和可靠性。另外，由于数据获取的局限和统计工作的繁重，关于网络位置的测度，只从整体网视角构建联合风险投资网络，计算整体网中衡量网络位置的指标值。网络的研究还可以从自中心网络展开，根据自中心网的相关测度指标（如结构洞的测度）衡量网络位置。本书主要针对联合风险投资网络展开，但风险投资实际操作中还存在更广泛的网络，因此，在未来研究中，网络的构建还应尽可能包括相关的参与者，如律师事务所、会计师事务所、投资银行、专利服务机构等中介机构以及风险企业等。对于资源获取行为的测量还存在局限。尽管资源获取行为是联合风险投资网络研究中的重要概念，但已有风险投资的研究中并没有对这个概念进行测量。只是在已有研究的基础上，本书提出了资源获取行为是网络位置影响投资绩效的解释机制，并从资源获取行为的便捷性、可靠性以及有效性三方面将资源获取行为划分为资源获取广度、资源获取深度、资源获取效度三个维度，这使我们能较为完整地认识资源获取行为。但由于数据库数据的限制，本书对资源获取的测度较为简单。因此，在今后的研究中，有必要利用更多的指标对变量间关系进行进一步的经验检验，有必要借鉴其他研究领域开发的量表对已有变量进行更科学的测度。

第三，对两类网络位置影响的认识还不够深入。首先，尽管本书深入分析了网络位置—资源获取、资源获取—投资绩效的作用关系，构建并验证了网络位置—资源获取—投资绩效的概念模型，但是在利用大样本对所构建的概念模型及研究假设进行实证检验时，没有将网络位置以往研究中出现过的指标一一进行经验验证，有可能会疏漏某些不同于本书的研究结论或者新发现。其次，由于两类位置的差异性，研究中证实了中心性位置和结构洞位置对投资绩效的影响具有替代作用，解释了两类位置对投资绩效的交互影响。但两类位置势必会对资源获取行为产生交互影响，而资源获取行为的不同维度间也可能对投资绩效产生交互影响，本书在研究中并没有深入分析两类网络位置的协调状态对于资源获取行为的影响，也没有深入分析资源获取行为不同维度的交互对投资绩效的影响。最后，本书通过大量文献综述以及实证分析，证明了风险投资机构的资源获取会受到网络位置的影响。另外，某些研究也发现，网络中企业网络能力对于网络位置的改变有着重要的影响，持有独特资源的风险投资机构，能在风险投资网络中移动到更中心的位置。因此，风险投资机构资源获取行为又是改变风险投资机构网络位置，进而改变联合风险投资网络结构的驱动因素。所以，联合风险投资网络中投资机构的网络位置与资源获取是交互影响的，有必要进一步探讨网络位置与资源获取的交互关系及其对投资绩效的影响。风险投资机构投资绩效的提升是一个复杂的过程，在今后的研究中，需要结合更多的影响因素以及影响因素之间的交互展开进一步的研究。

参考文献

[1] A. Abbasi, J. Altmann, L. Hossain. Identifying the Effects of Co – Authorship Networks on the Performance of Scholars: A Correlation and Regression Analysis of Performance Measures and Social Network Analysis Measures [J]. Journal of Informetrics, 2011, 5 (4): 594 – 607.

[2] A. Bubna, S. R. Das, N. Prabhala. What Types of Syndicate Partners Do Venture Capitalists Prefer? Evidence from Vc Communities [R]. Working Paper, Indian School of Business, Leavey School of Business, Robert H. Smith School of Business, 2013.

[3] A. Goerzen, P. W. Beamish. The Effect of Alliance Network Diversity on Multinational Enterprise Performance [J]. Strategic Management Journal, 2005, 26 (4): 333 – 354.

[4] A. Knill. Should Venture Capitalists Put All Their Eggs in One Basket? Diversification Versus Pure – Play Strategies in Venture Capital [J]. Financial Management, 2009, 38 (3): 441 – 486.

[5] A. Lichtenstein. Home – State Investment Bias in Venture Capital Funds [J]. Financial Analysts Journal, 2006, 62 (6): 22 – 26.

[6] A. Lockett, M. Wright. The Syndication of Venture Capital Investments [J]. Omega, 2001, 29 (5): 375 – 390.

[7] A. Schwienbacher. Venture Capital Investment Practices in Europe and the United States [J]. Financial Markets and Portfolio Management, 2008, 22 (3): 195 – 217.

[8] A. Zaheer, G. Soda. Network Evolution: The Origins of Structural Holes [J]. Administrative Science Quarterly, 2009, 54 (1): 1 – 31.

[9] A. Zaheer, G. G. Bell. Benefiting from Network Position: Firm Capabilities,

Structural Holes, and Performance [J]. Strategic Management Journal, 2005, 26 (9): 809 – 825.

[10] A. K. Gupta, H. J. Sapienza. Determinants of Venture Capital Firms' Preferences Regarding the Industry Diversity and Geographic Scope of Their Investments [J]. Journal of Business Venturing, 1992, 7 (5): 347 – 362.

[11] A. V. Shipilov, S. X. Li, H. R. Greve. The Prince and the Pauper: Search and Brokerage in the Initiation of Status – Heterophilous Ties [J]. Organization Science, 2010, 22 (6): 1418 – 1434.

[12] A. V. Shipilov. Firm Scope Experience, Historic Multimarket Contact with Partners, Centrality, and the Relationship between Structural Holes and Performance [J]. Organization Science, 2009, 20 (1): 85 – 106.

[13] Bellavitis C., Filatotchev I., Souitaris V., et al. The Impact of Investment Networks on Venture Capital Firm Performance: A Contingency Framework [J]. British Journal of Management, 2017, 28 (1): 102 – 119.

[14] B. Batjargal, M. Liu. Entrepreneurs' Access to Private Equity in China: The Role of Social Capital [J]. Organization Science, 2004, 15 (2): 159 – 172.

[15] B. Gomes – Casseres. Group vs. Group: How Alliance Networks Compete [J]. Harvard Business Review, 1994, 72 (4): 62 – 67.

[16] B. Kogut, U. Zander. Knowledge of the Firm, Combinative Capabilities, and the Replication of Technology [J]. Organization Science, 1992, 3 (3): 383 – 397.

[17] B. Uzzi. The Sources and Consequences of Embeddedness for the Economic Performance of Organizations: The Network Effect [J]. American Sociological Review, 1996, 61 (4): 674 – 698.

[18] B. A. Benjamin, J. M. Podolny. Status, Quality, and Social Order in the California Wine Industry [J]. Administrative Science Quarterly, 1999, 44 (3): 563 – 589.

[19] B. L. Simonin. Ambiguity and the Process of Knowledge Transfer in Strategic Alliances [J]. Strategic Management Journal, 1999, 20 (7): 595 – 623.

[20] C. Bienz, J. Hirsch. The Dynamics of Venture Capital Contracts [J]. Review of Finance, 2012, 16 (1): 157 – 195.

[21] C. Casamatta, C. Haritchabalet. Experience, Screening and Syndication in Venture Capital Investments [J]. Journal of Financial Intermediation, 2007, 16 (3): 368 – 398.

[22] C. Hopp. Are Firms Reluctant to Engage in Inter – Organizational Exchange Relationships with Competitors? [J]. Economics Letters, 2008, 100 (3): 348 – 350.

[23] C. Hopp. When Do Venture Capitalists Collaborate? Evidence on the Driving Forces of Venture Capital Syndication [J]. Small Business Economics, 2010, 35 (4): 417 – 431.

[24] C. Lechner, K. Frankenberger, S. W. Floyd. Task Contingencies in the Curvilinear Relationships between Intergroup Networks and Initiative Performance [J]. Academy of Management Journal, 2010, 53 (4): 865 – 889.

[25] C. Oliver. Sustainable Competitive Advantage: Combining Institutional and Resource – Based Views [J]. Strategic Management Journal, 1997, 18 (9): 697 – 713.

[26] C. C. Phelps. A Longitudinal Study of the Influence of Alliance Network Structure and Composition on Firm Exploratory Innovation [J]. Academy of Management Journal, 2010, 53 (4): 890 – 913.

[27] C. I. Hovland, I. L. Janis, H. H. Kelley. Communication and Persuasion. Psychological Studies of Opinion Change [J]. Strategic Management Journal, 1953, 28 (12): 1187 – 1212.

[28] C. J. Malloy. The Geography of Equity Analysis [J]. The Journal of Finance, 2005, 60 (2): 719 – 755.

[29] C. M. Beckman, P. R. Haunschild. Network Learning: The Effects of Partners' Heterogeneity of Experience on Corporate Acquisitions [J]. Administrative Science Quarterly, 2002, 47 (1): 92 – 124.

[30] C. M. Mason, R. T. Harrison. The Geography of Venture Capital Investments in the Uk [J]. Transactions of the Institute of British Geographers, 2002, 27 (4): 427 – 451.

[31] C. R. I. O. Fields. The Iron Cage Revisited: Institutional Isomorphism and Collective Rationality in Organizational Fields [J]. American Sociological Review,

1983, 48 (2): 147-160.

[32] D. Ahlstrom, G. D. Bruton, K. S. Yeh. Venture Capital in China: Past, Present, and Future [J]. Asia Pacific Journal of Management, 2007, 24 (3): 247-268.

[33] D. Cumming, D. Schmidt, U. Walz. Legality and Venture Capital Governance Around the World [J]. Journal of Business Venturing, 2010, 25 (1): 54-72.

[34] D. Cumming, N. Dai. Local Bias in Venture Capital Investments [J]. Journal of Empirical Finance, 2010, 17 (3): 362-380.

[35] D. Cumming, S. A. binti Johan. Provincial Preferences in Private Equity [J]. Financial Markets and Portfolio Management, 2006, 20 (4): 369-398.

[36] D. Cumming. Adverse Selection and Capital Structure: Evidence from Venture Capital [J]. Entrepreneurship Theory and Practice, 2006, 30 (2): 155-183.

[37] D. De Clercq, D. Dimov. Explaining Venture Capital Firms' Syndication Behaviour: A Longitudinal Study [J]. Venture Capital: An International Journal of Entrepreneurial Finance, 2004, 6 (4): 243-256.

[38] D. De Clercq, D. Dimov. Internal Knowledge Development and External Knowledge Access in Venture Capital Investment Performance [J]. Journal of Management Studies, 2008, 45 (3): 585-612.

[39] D. Dimov, D. De Clercq. Venture Capital Investment Strategy and Portfolio Failure Rate: A Longitudinal Study [J]. Entrepreneurship Theory and Practice, 2006, 30 (2): 207-223.

[40] D. Dimov, H. Milanov. The Interplay of Need and Opportunity in Venture Capital Investment Syndication [J]. Journal of Business Venturing, 2010, 25 (4): 331-348.

[41] D. Dougherty. Interpretive Barriers to Successful Product Innovation in Large Firms [J]. Organization Science, 1992, 3 (2): 179-202.

[42] D. Engel, M. Keilbach. Firm-Level Implications of Early Stage Venture Capital Investment—an Empirical Investigation [J]. Journal of Empirical Finance, 2007, 14 (2): 150-167.

[43] D. Gras, D. Dimov. When Venture Capital Syndication Goes Bad: The So-

cial Network Consequences of Failed Invesments (Summary) [J]. Frontiers of Entrepreneurship Research, 2009, 29 (3): Article 6.

[44] D. Knoke. Playing Well Together: Creating Corporate Social Capital in Strategic Alliance Networks [J]. American Behavioral Scientist, 2009, 52 (12): 1690 – 1708.

[45] D. Lavie. Alliance Portfolios and Firm Performance: A Study of Value Creation and Appropriation in the Us Software Industry [J]. Strategic Management Journal, 2007, 28 (12): 1187 – 1212.

[46] D. Lavie. The Competitive Advantage of Interconnected Firms: An Extension of the Resource – Based View [J]. Academy of Management Review, 2006, 31 (3): 638 – 658.

[47] D. Obstfeld. Knowledge Creation, Social Networks and Innovation: An Integrative Study [C] Academy of Management Proceedings Academy of Management: H1 – H6.

[48] D. B. Audretsch, D. Dohse. Location: A Neglected Determinant of Firm Growth [J]. Review of World Economics, 2007, 143 (1): 79 – 107.

[49] D. G. Kaiser, R. Lauterbach. The Need for Diversification and Its Impact on the Syndication Probability of Venture Capital Investments [J]. The Journal of Alternative Investments, 2007, 10 (3): 62 – 79.

[50] D. G. Sirmon, M. A. Hitt, R. D. Ireland, B. A. Gilbert. Resource Orchestration to Create Competitive Advantage Breadth, Depth, and Life Cycle Effects [J]. Journal of Management, 2011, 37 (5): 1390 – 1412.

[51] D. H. Hsu. What Do Entrepreneurs Pay for Venture Capital Affiliation? [J]. The Journal of Finance, 2004, 59 (4): 1805 – 1844.

[52] D. J. Cumming, J. G. MacIntosh. Venture Capital Investment Duration in Canada and the United States [J]. Journal of Multinational Financial Management, 2001, 11 (4): 445 – 463.

[53] D. M. Sullivan, C. M. Ford. How Entrepreneurs Use Networks to Address Changing Resource Requirements During Early Venture Development [J]. Entrepreneurship Theory and Practice, 2014, 38 (3): 551 – 574.

[54] D. N. Deli, M. Santhanakrishnan. Syndication in Venture Capital Financing

[J]. Financial Review, 2010, 45 (3): 557 – 578.

[55] D. R. Gnyawali, R. Madhavan. Cooperative Networks and Competitive Dynamics: A Structural Embeddedness Perspective [J]. Academy of Management Review, 2001, 26 (3): 431 – 445.

[56] E. Norton, B. H. Tenenbaum. Specialization Versus Diversification as a Venture Capital Investment Strategy [J]. Journal of Business Venturing, 1993, 8 (5): 431 – 442.

[57] E. Verwaal, H. Bruining, M. Wright, S. Manigart, A. Lockett. Resources Access Needs and Capabilities as Mediators of the Relationship between Vc Firm Size and Syndication [J]. Small Business Economics, 2010, 34 (3): 277 – 291.

[58] E. D. Darr, T. R. Kurtzberg. An Investigation of Partner Similarity Dimensions on Knowledge Transfer [J]. Organizational Behavior and Human Decision Processes, 2000, 82 (1): 28 – 44.

[59] E. E. Lehmann. Does Venture Capital Syndication Spur Employment Growth and Shareholder Value? Evidence from German Ipo Data [J]. Small Business Economics, 2006, 26 (5): 455 – 464.

[60] F. Maats, A. Metrick, A. Yasuda, B. Hinkes, S. Vershovski. On the Consistency and Reliability of Venture Capital Databases [R]. Working Paper, 2011.

[61] G. Ahuja, G. Soda, A. Zaheer. The Genesis and Dynamics of Organizational Networks [J]. Organization Science, 2012, 23 (2): 434 – 448.

[62] G. Ahuja, R. Katila. Technological Acquisitions and the Innovation Performance of Acquiring Firms: A Longitudinal Study [J]. Strategic Management Journal, 2001, 22 (3): 197 – 220.

[63] G. Ahuja. Collaboration Networks, Structural Holes, and Innovation: A Longitudinal Study [J]. Administrative Science Quarterly, 2000, 45 (3): 425 – 455.

[64] G. Soda, A. Usai, A. Zaheer. Network Memory: The Influence of Past and Current Networks on Performance [J]. Academy of Management Journal, 2004, 47 (6): 893 – 906.

[65] G. D. Bruton, D. Ahlstrom. An Institutional View of China's Venture

Capital Industry: Explaining the Differences between China and the West [J]. Journal of Business Venturing, 2003, 18 (2): 233 – 259.

[66] G. F. Davis, S. K. Stout. Organization Theory and the Market for Corporate Control: A Dynamic Analysis of the Characteristics of Large Takeover Targets, 1980 – 1990 [J]. Administrative Science Quarterly, 1992, 37 (4): 605 – 633.

[67] Hakansson. Industrial Technological Development: A Network Approach [M]. Croom Helm London, 1987.

[68] Houston J. F., Lee J., Suntheim F., et al. Social Networks in the Global Banking Sector [J]. Journal of Accounting and Economics, 2018, 65 (2): 237 – 269.

[69] H. Chen, P. Gompers, A. Kovner, J. Lerner. Buy Local? The Geography of Venture Capital [J]. Journal of Urban Economics, 2010, 67 (1): 90 – 102.

[70] H. White. Artificial Neural Networks: Approximation and Learning Theory [M]. Blackwell Publishers, Inc., 1992.

[71] H. Yli – Renko, E. Autio, H. J. Sapienza. Social Capital, Knowledge Acquisition, and Knowledge Exploitation in Young Technology – Based Firms [J]. Strategic Management Journal, 2001, 22 (6 – 7): 587 – 613.

[72] H. A. Ndofor, D. G. Sirmon, X. He. Firm Resources, Competitive Actions and Performance: Investigating a Mediated Model with Evidence from the in – Vitro Diagnostics Industry [J]. Strategic Management Journal, 2011, 32 (6): 640 – 657.

[73] H. B. Thorelli. Networks: Between Markets and Hierarchies [J]. Strategic Management Journal, 1986, 7 (1): 37 – 51.

[74] I. Guler, M. F. Guillén. Home Country Networks and Foreign Expansion: Evidence from the Venture Capital Industry [J]. Academy of Management Journal, 2010, 53 (2): 390 – 410.

[75] Jeongsik, Lee. Heterogeneity, Brokerage, and Innovative Performance: Endogenous Formation of Collaborative Inventor Networks [J]. Organization Science, 2009, 21 (4): 804 – 822.

[76] J. Badaracco. The Knowledge Link: How Firms Compete Through Strategic Alliances [M]. Harvard Business Press, 1991.

[77] J. Johanson, L. – G. Mattsson, N. Hood, J. Vahlne. Internationalization

in Industrial Systems – a Network Approach [J]. Strategies, 1988: 287 – 314.

[78] J. Lerner. The Syndication of Venture Capital Investments [J]. Financial Management, 1994, 23 (3): 16 – 27.

[79] J. Lerner. Venture Capitalists and the Decision to Go Public [J]. Journal of Financial Economics, 1994, 35 (3): 293 – 316.

[80] J. Lindgaard Christensen. The Development of Geographical Specialization of Venture Capital [J]. European Planning Studies, 2007, 15 (6): 817 – 833.

[81] J. Nahapiet, S. Ghoshal. Social Capital, Intellectual Capital, and the Organizational Advantage [J]. Academy of Management Review, 1998, 23 (2): 242 – 266.

[82] J. Podolny. Sociological Signals: A Sociological Study of Market Competition [M]. Princeton Univ. Press, 2005.

[83] J. Schmidt, T. Keil. What Makes a Resource Valuable? Identifying the Drivers of Firm – Idiosyncratic Resource Value [J]. Academy of Management Review, 2013, 38 (2): 206 – 228.

[84] J. B. Barney, M. H. Hansen. Trustworthiness as a Source of Competitive Advantage [J]. Strategic Management Journal, 1994, 15 (S1): 175 – 190.

[85] J. D. Collins, M. A. Hitt. Leveraging Tacit Knowledge in Alliances: The Importance of Using Relational Capabilities to Build and Leverage Relational Capital [J]. Journal of Engineering and Technology Management, 2006, 23 (3): 147 – 167.

[86] J. D. Coval, T. J. Moskowitz. The Geography of Investment: Informed Trading and Asset Prices [R]. Available at SSRN 214138, 1999.

[87] J. E. Perry – Smith. Social yet Creative: The Role of Social Relationships in Facilitating Individual Creativity [J]. Academy of Management Journal, 2006, 49 (1): 85 – 101.

[88] J. G. March. Exploration and Exploitation in Organizational Learning [J]. Organization Science, 1991, 2 (1): 71 – 87.

[89] J. H. Dyer, H. Singh. The Relational View: Cooperative Strategy and Sources of Interorganizational Competitive Advantage [J]. Academy of Management Review, 1998, 23 (4): 660 – 679.

[90] J. M. Podolny, J. N. Baron. Resources and Relationships: Social Networks and Mobility in the Workplace [J]. American Sociological Review, 1997: 673 – 693.

[91] J. M. Podolny. A Status – Based Model of Market Competition [J]. American Journal of Sociology, 1993, 98 (4): 829 – 872.

[92] J. M. Podolny. Networks as the Pipes and Prisms of the Market1 [J]. American Journal of Sociology, 2001, 107 (1): 33 – 60.

[93] J. S. Brown, P. Duguid. Organizational Learning and Communities – of – Practice: Toward a Unified View of Working, Learning, and Innovation [J]. Organization Science, 1991, 2 (1): 40 – 57.

[94] J. S. Coleman. Social Capital in the Creation of Human Capital [J]. American Journal of Sociology, 1988 (94): S95 – S120.

[95] Kang R., Zaheer A. Determinants of Alliance Partner Choice: Network Distance, Managerial Incentives, and Board Monitoring [J]. Strategic Management Journal, 2018, 39 (10): 2745 – 2769.

[96] Knoke, David. Political Networks: The Structural Perspective [M]. New York: Cambridge University Press, 1990.

[97] K. Faust, S. Wasserman. Centrality and Prestige: A Review and Synthesis [J]. Journal of Quantitative Anthropology, 1992, 4 (1): 23 – 78.

[98] K. Pukthuanthong, T. Walker. Venture Capital in China: A Culture Shock for Western Investors [J]. Management Decision, 2007, 45 (4): 708 – 731.

[99] K. G. Pillai. Networks and Competitive Advantage: A Synthesis and Extension [J]. Journal of Strategic Marketing, 2006, 14 (2): 129 – 145.

[100] K. K. Möller, A. Halinen. Business Relationships and Networks: Managerial Challenge of Network Era [J]. Industrial Marketing Management, 1999, 28 (5): 413 – 427.

[101] L. Argote, B. McEvily, R. Reagans. Managing Knowledge in Organizations: An Integrative Framework and Review of Emerging Themes [J]. Management Science, 2003, 49 (4): 571 – 582.

[102] L. Bottazzi, M. Da Rin, T. Hellmann. Who Are the Active Investors? Evidence from Venture Capital [J]. Journal of Financial Economics, 2008, 89 (3): 488 – 512.

[103] L. Cassi, A. Plunket. Proximity, Network Formation and Inventive Performance: In Search of the Proximity Paradox [J]. The Annals of Regional Science, 2014, 53 (2): 395-422.

[104] L. Lindsey. Blurring Firm Boundaries: The Role of Venture Capital in Strategic Alliances [J]. The Journal of Finance, 2008, 63 (3): 1137-1168.

[105] L. C. Freeman. Centrality in Social Networks Conceptual Clarification [J]. Social Networks, 1979, 1 (3): 215-239.

[106] M. Brettel, C. Jaugey, C. Rost. Business Angels.: Der Informelle Beteiligungskapitalmarkt in Deutschland [M]. Gabler Verlag, 2000.

[107] M. Ferrary. Syndication of Venture Capital Investment: The Art of Resource Pooling [J]. Entrepreneurship Theory and Practice, 2010, 34 (5): 885-907.

[108] M. Fritsch, D. Schilder. Does Venture Capital Investment Really Require Spatial Proximity? An Empirical Investigation [R]. Freiberg Working Papers, 2006.

[109] M. Fritsch, D. Schilder. Is Venture Capital a Regional Business? The Role of Syndication [R]. Freiberg Working Papers, 2006.

[110] M. Fujita. Industrial Location and Regional Growth [M]. Cambridge University Press, 2002.

[111] M. Gejadze, P. Giot, A. Schwienbacher. Private Equity Fundraising, Fund Performance and Firm Specialization [C] Paris December 2012 Finance Meeting Eurofidal – Affi Paper, 2012.

[112] M. Gorman, W. A. Sahlman. What Do Venture Capitalists Do? [J]. Journal of Business Venturing, 1989, 4 (4): 231-248.

[113] M. Heeley, S. Matusik. Corporate Scope and Knowledge Creation: The Effect of Technological Diversity on Firm Platform and Incremental Inventive Value [R]. Working Paper. Golden, CO: Colorado School of Mines, 2006.

[114] M. Humphery – Jenner. Diversification in Private Equity Funds: On Knowledge Sharing, Risk Aversion, and Limited Attention [J]. Journal of Financial and Quantitative Analysis, 2013, 48 (5): 1545-1572.

[115] M. Jääskeläinen. Network Resources of Venture Capitalists: The Effects of Resource Leverage and Status on Partner Exploration of Venture Capital Firms [Z].

Helsinki University of Technology Institute of Strategy and International Business, 2009.

[116] M. Jääskeläinen. Venture Capital Syndication: Synthesis and Future Directions [J]. International Journal of Management Reviews, 2012, 14 (4): 444 – 463.

[117] M. Meuleman, M. Wright, S. Manigart, A. Lockett. Private Equity Syndication: Agency Costs, Reputation and Collaboration [J]. Journal of Business Finance & Accounting, 2009, 36 (5 – 6): 616 – 644.

[118] M. Meuleman, M. Wright. Cross – Border Private Equity Syndication: Institutional Context and Learning [J]. Journal of Business Venturing, 2011, 26 (1): 35 – 48.

[119] M. Sorensen. How Smart: Is Smart Money? A Two – Sided Matching Model of Venture Capital [J]. The Journal of Finance, 2007, 62 (6): 2725 – 2762.

[120] M. Tortoriello, R. Reagans, B. McEvily. Bridging the Knowledge Gap: The Influence of Strong Ties, Network Cohesion, and Network Range on the Transfer of Knowledge between Organizational Units [J]. Organization Science, 2012, 23 (4): 1024 – 1039.

[121] M. Wright, A. Lockett. The Structure and Management of Alliances: Syndication in the Venture Capital Industry [J]. Journal of Management Studies, 2003, 40 (8): 2073 – 2102.

[122] M. Wright, S. Pruthi, A. Lockett. International Venture Capital Research: From Cross – Country Comparisons to Crossing Borders [J]. International Journal of Management Reviews, 2005, 7 (3): 135 – 165.

[123] M. A. Lyles, J. E. Salk. Knowledge Acquisition from Foreign Parents in International Joint Ventures: An Empirical Examination in the Hungarian Context [J]. Journal of International Business Studies, 1996 (27): 877 – 903.

[124] M. C. Jensen, W. H. Meckling. Specific and General Knowledge and Organizational Structure [R]. Available at SSRN 6658, 1992.

[125] M. J. Piskorski. Networks of Power and Status: Reciprocity in Venture Capital Syndicates [J]. Available from Upenn. Edu, 2004.

[126] M. S. Granovetter. The Strength of Weak Ties [J]. American Journal of Sociology, 1973, 78 (6): 1360 – 1380.

[127] M. T. Dacin, C. Oliver, J. Roy. The Legitimacy of Strategic Alliances: An Institutional Perspective [J]. Strategic Management Journal, 2007, 28 (2): 169-187.

[128] M. T. Hansen. The Search-Transfer Problem: The Role of Weak Ties in Sharing Knowledge across Organization Subunits [J]. Administrative Science Quarterly, 1999, 44 (1): 82-111.

[129] N. Lin. Social Networks and Status Attainment [J]. Annual Review of Sociology, 1999 (25): 467-487.

[130] N. Lin. Social Resources and Social Mobility: A Structural Theory of Status Attainment [M]. Cambridge University Press, 1990: 147-271.

[131] N. Phillips, P. Tracey, N. Karra. Building Entrepreneurial Tie Portfolios Through Strategic Homophily: The Role of Narrative Identity Work in Venture Creation and Early Growth [J]. Journal of Business Venturing, 2013, 28 (1): 134-150.

[132] N. Salman, A.-L. Saives. Indirect Networks: An Intangible Resource for Biotechnology Innovation [J]. R&D Management, 2005, 35 (2): 203-215.

[133] O. Bengtsson, S. A. Ravid. The Importance of Geographical Location and Distance on Venture Capital Contracts [R]. Available at SSRN 1331574, 2009.

[134] O. Sorenson, T. E. Stuart. Bringing the Context Back In: Settings and the Search for Syndicate Partners in Venture Capital Investment Networks [J]. Administrative Science Quarterly, 2008, 53 (2): 266-294.

[135] O. Sorenson, T. E. Stuart. Syndication Networks and the Spatial Distribution of Venture Capital Investments1 [J]. American Journal of Sociology, 2001, 106 (6): 1546-1588.

[136] O. T. Alexy, J. H. Block, P. Sandner, A. L. Ter Wal. Social Capital of Venture Capitalists and Start-up Funding [J]. Small Business Economics, 2012, 39 (4): 835-851.

[137] P. Bonacich. Factoring and Weighting Approaches to Status Scores and Clique Identification [J]. Journal of Mathematical Sociology, 1972, 2 (1): 113-120.

[138] P. Gompers, A. Kovner, J. Lerner. Specialization and Success: Evidence from Venture Capital [J]. Journal of Economics & Management Strategy,

2009, 18 (3): 817-844.

[139] P. Gompers, J. Lerner. An Analysis of Compensation in the Us Venture Capital Partnership1 [J]. Journal of Financial Economics, 1999, 51 (1): 3-44.

[140] P. A. Gompers, J. Lerner, M. M. Blair. What Drives Venture Capital Fundraising? [J]. Brookings Papers on Economic Activity, Microeconomics, 2006 (1): 149-204.

[141] P. A. Gompers. Optimal Investment, Monitoring, and the Staging of Venture Capital [J]. The Journal of Finance, 1995, 50 (5): 1461-1489.

[142] P. E. Shrout, N. Bolger. Mediation in Experimental and Nonexperimental Studies: New Procedures and Recommendations [J]. Psychological Methods, 2002, 7 (4): 422-445.

[143] P. M. Blau. Exchange and Power in Social Life [M]. Transaction Publishers, 1964.

[144] P. N. Ghauri, K. Holstius. The Role of Matching in the Foreign Market Entry Process in the Baltic States [J]. European Journal of Marketing, 1996, 30 (2): 75-88.

[145] Q. Gu, X. Lu. Unraveling the Mechanisms of Reputation and Alliance Formation: A Study of Venture Capital Syndication in China [J]. Strategic Management Journal, 2014, 35 (5): 739-750.

[146] Rossi A. G., Blake D., Timmermann A., et al. Network Centrality and Delegated Investment Performance [J]. Journal of Financial Economics, 2018, 128 (1): 183-206.

[147] R. Agarwal, D. Audretsch, M. Sarkar. The Process of Creative Construction: Knowledge Spillovers, Entrepreneurship, and Economic Growth [J]. Strategic Entrepreneurship Journal, 2007, 1 (3-4): 263-286.

[148] R. Bachmann, I. Schindele. Theft and Syndication in Venture Capital Finance [R]. Available at SSRN 896025, 2006.

[149] R. Gulati, M. C. Higgins. Which Ties Matter When? The Contingent Effects of Interorganizational Partnerships on Ipo Success [J]. Strategic Management Journal, 2003, 24 (2): 127-144.

[150] R. Gulati. Managing Network Resources: Alliances, Affiliations and Other

Relational Assets [M]. Oxford University Press Oxford, 2007.

[151] R. Gulati. Network Location and Learning: The Influence of Network Resources and Firm Capabilities on Alliance Formation [J]. Strategic Management Journal, 1999, 20 (5): 397-420.

[152] R. Nahata. Venture Capital Reputation and Investment Performance [J]. Journal of Financial Economics, 2008, 90 (2): 127-151.

[153] R. Reagans, E. W. Zuckerman. Networks, Diversity, and Productivity: The Social Capital of Corporate R&D Teams [J]. Organization Science, 2001, 12 (4): 502-517.

[154] R. Sah, J. E. Stiglitz. The Architecture of Economic Systems: Hierarchies and Polyarchies [D]. National Bureau of Economic Research Cambridge, Mass., USA, 1984.

[155] R. Zarutskie. The Role of Top Management Team Human Capital in Venture Capital Markets: Evidence from First-Time Funds [J]. Journal of Business Venturing, 2010, 25 (1): 155-172.

[156] R. B. Robinson. Emerging Strategies in the Venture Capital Industry [J]. Journal of Business Venturing, 1988, 2 (1): 53-77.

[157] R. J. Jiang, Q. T. Tao, M. D. Santoro. Alliance Portfolio Diversity and Firm Performance [J]. Strategic Management Journal, 2010, 31 (10): 1136-1144.

[158] R. M. Baron, D. A. Kenny. The Moderator-Mediator Variable Distinction in Social Psychological Research: Conceptual, Strategic, and Statistical Considerations [J]. Journal of Personality and Social Psychology, 1986, 51 (6): 1173-1182.

[159] R. S. Burt. Bridge Decay [J]. Social networks, 2002, 24 (4): 333-363.

[160] R. S. Burt. Structural Holes Versus Network Closure as Social Capital [J]. Social Capital: Theory and Research, 2001: 31-56.

[161] R. S. Burt. Structural Holes: The Social Structure of Competition [M]. Harvard University Press, 2009.

[162] R. S. Burt. Structural Holes: The Social Structure of Competition [R]. Available at SSRN 1496205, University of Chicago, 1992.

[163] S. De Prijcker, S. Manigart, M. Wright, W. De Maeseneire. The Influence of Experiential, Inherited and External Knowledge on the Internationalization of Venture Capital Firms [J]. International Business Review, 2012, 21 (5): 929 – 940.

[164] S. Lutz, T. Ritter. Outsourcing, Supply Chain Upgrading and Connectedness of a Firm's Competencies [J]. Industrial Marketing Management, 2009, 38 (4): 387 – 393.

[165] S. Manigart, A. Lockett, M. Meuleman, M. Wright, H. Bruining, H. Landstrm, P. Desbrières, U. Hommel. The Syndication Decision of Venture Capital Investments [J]. Entrepreneurship: Theory and Practice, 2006, 30 (2): 131 – 153.

[166] S. Manigart, A. Lockett, M. Meuleman, M. Wright, H. Landstrom, H. Bruining, P. Desbrieres, U. Hommel. Why Do European Venture Capital Companies Syndicate [R]. Ghent University and Ghent Management School Working Paper, 2002.

[167] S. Paruchuri. Intraorganizational Networks, Interorganizational Networks, and the Impact of Central Inventors: A Longitudinal Study of Pharmaceutical Firms [J]. Organization Science, 2010, 21 (1): 63 – 80.

[168] S. Rodan, C. Galunic. More Than Network Structure: How Knowledge Heterogeneity Influences Managerial Performance and Innovativeness [J]. Strategic Management Journal, 2004, 25 (6): 541 – 562.

[169] S. Rodan. Structural Holes and Managerial Performance: Identifying the Underlying Mechanisms [J]. Social Networks, 2010, 32 (3): 168 – 179.

[170] S. Weisbenner. Local Does as Local Is: Information Content of the Geography of Individual Investors' Common Stock Investments [J]. The Journal of Finance, 2005, 60 (1): 267 – 306.

[171] S. A. Chung, H. Singh, K. Lee. Complementarity, Status Similarity and Social Capital as Drivers of Alliance Formation [J]. Strategic Management Journal, 2000, 21 (1): 1 – 22.

[172] S. F. Matusik, M. A. Fitza. Diversification in the Venture Capital Industry: Leveraging Knowledge under Uncertainty [J]. Strategic Management Journal,

2012, 33 (4): 407-426.

[173] S. K. Muthusamy, M. A. White. Learning and Knowledge Transfer in Strategic Alliances: A Social Exchange View [J]. Organization Studies, 2005, 26 (3): 415-441.

[174] S. N. Kaplan, A. Schoar. Private Equity Performance: Returns, Persistence, and Capital Flows [J]. The Journal of Finance, 2005, 60 (4): 1791-1823.

[175] S. N. Kaplan, F. Martel, P. Strömberg. How Do Legal Differences and Learning Affect Financial Contracts? [J]. National Bureau of Economic Research, 2003.

[176] S. N. Kaplan, P. Strömberg. Financial Contracting Theory Meets the Real World: An Empirical Analysis of Venture Capital Contracts [J]. The Review of Economic Studies, 2003, 70 (2): 281-315.

[177] S. Z. Ozdemir. To Go Solo or to Syndicate: Determinants of Tie Formation in the Us Venture Capital Industry [R]. University of Chicago Working Paper, 2006.

[178] T. Hellmann, M. Puri. Venture Capital and the Professionalization of Start Firms: Empirical Evidence [J]. The Journal of Finance, 2002, 57 (1): 169-197.

[179] T. Keil, M. V. Maula, C. Wilson. Unique Resources of Corporate Venture Capitalists as a Key to Entry into Rigid Venture Capital Syndication Networks [J]. Entrepreneurship Theory and Practice, 2010, 34 (1): 83-103.

[180] T. Nisar, R. Martin, P. Abell, T. M. Nisar. Performance Effects of Venture Capital Firm Networks [J]. Management Decision, 2007, 45 (5): 923-936.

[181] T. Tykvová, A. Schertler. Cross-Border Venture Capital Flows and Local Ties: Evidence from Developed Countries [J]. The Quarterly Review of Economics and Finance, 2011, 51 (1): 36-48.

[182] T.-L. Liu, I. Shou. Enhancement of Customer Network Relationship Via Governance Mechanism of Inter-Organizational Core Resource and Core Knowledge Strategic Alliance [J]. Journal of American Academy of Business, 2004, 5 (1-2): 220-229.

[183] T. G. Pollock, J. F. Porac, J. B. Wade. Constructing Deal Networks: Brokers as Network "Architects" In the Us Ipo Market and Other Examples [J]. Academy of Management Review, 2004, 29 (1): 50-72.

[184] U. Wassmer, P. Dussauge. Network Resource Stocks and Flows: How Do Alliance Portfolios Affect the Value of New Alliance Formations? [J]. Strategic Management Journal, 2012, 33 (7): 871 –883.

[185] U. Wassmer, P. Dussauge. Value Creation in Alliance Portfolios: The Benefits and Costs of Network Resource Interdependencies [J]. European Management Review, 2011, 8 (1): 47 –64.

[186] V. Farina. Strategizing in Investment Banking Network [J]. Journal of Strategy and Management, 2010, 3 (1): 20 –31.

[187] V. Gerasymenko, O. Gottschalg. Antecedents and Consequences of Venture Capital Syndication [R]. Atlanta Competitive Advantage Conference Paper, 2008.

[188] V. Kanniainen, C. Keuschnigg. The Optimal Portfolio of Start –up Firms in Venture Capital Finance [J]. Journal of Corporate Finance, 2003, 9 (5): 521 –534.

[189] W. Stam, T. Elfring. Entrepreneurial Orientation and New Venture Performance: The Moderating Role of Intra –and Extraindustry Social Capital [J]. Academy of Management Journal, 2008, 51 (1): 97 –111.

[190] W. Tsai. Knowledge Transfer in Intraorganizational Networks: Effects of Network Position and Absorptive Capacity on Business Unit Innovation and Performance [J]. Academy of Management Journal, 2001, 44 (5): 996 –1004.

[191] W. A. Sahlman. The Structure and Governance of Venture –Capital Organizations [J]. Journal of Financial Economics, 1990, 27 (2): 473 –521.

[192] W. D. Bygrave. Syndicated Investments by Venture Capital Firms: A Networking Perspective [J]. Journal of Business Venturing, 1987, 2 (2): 139 –154.

[193] W. D. Bygrave. The Structure of the Investment Networks of Venture Capital Firms [J]. Journal of Business Venturing, 1988, 3 (2): 137 –157.

[194] W. W. Powell, D. R. White, K. W. Koput, J. Owen –Smith. Network Dynamics and Field Evolution: The Growth of Interorganizational Collaboration in the Life Sciencesl [J]. American Journal of Sociology, 2005, 110 (4): 1132 –1205.

[195] W. W. Powell, K. W. Koput, J. I. Bowie, L. Smith –Doerr. The Spatial Clustering of Science and Capital: Accounting for Biotech Firm –Venture Capital Rela-

tionships [J]. Regional Studies, 2002, 36 (3): 291-305.

[196] W. W. Powell, K. W. Koput, L. Smith-Doerr. Interorganizational Collaboration and the Locus of Innovation: Networks of Learning in Biotechnology [J]. Administrative Science Quarterly, 1996, 41 (1): 116-145.

[197] X. Tian. The Causes and Consequences of Venture Capital Stage Financing [J]. Journal of Financial Economics, 2010, 101 (1): 132-159.

[198] X. Tian. The Role of Venture Capital Syndication in Value Creation for Entrepreneurial Firms [J]. Review of Finance, 2012, 16 (1): 245-283.

[199] Y. V. Hochberg, A. Ljungqvist, Y. Lu. Networking as a Barrier to Entry and the Competitive Supply of Venture Capital [J]. The Journal of Finance, 2010, 65 (3): 829-859.

[200] Y. V. Hochberg, A. Ljungqvist, Y. Lu. Whom You Know Matters: Venture Capital Networks and Investment Performance [J]. The Journal of Finance, 2007, 62 (1): 251-301.

[201] Z. Ivković [202] Z. Xiao, A. S. Tsui. When Brokers May Not Work: The Cultural Contingency of Social Capital in Chinese High-Tech Firms [J]. Administrative Science Quarterly, 2007, 52 (1): 1-31.

[202] 安文. 分阶段投资在风险投资行业中的应用 [J]. 科学技术与工程, 2008, 8 (24): 6639-6640.

[203] 常冠群. 基于能力的资源获取与创业绩效关系研究 [D]. 吉林大学博士学位论文, 2009.

[204] 党兴华, 董建卫, 吴红超. 风险投资机构的网络位置与成功退出: 来自中国风险投资业的经验证据 [J]. 南开管理评论, 2011, 14 (2): 82-91.

[205] 李卫东. 企业竞争力评价理论与方法研究 [D]. 北京交通大学博士学位论文, 2007.

[206] 李严, 庄新田, 罗国锋, 马世美. 风险投资策略与投资绩效——基于中国风险投资机构的实证研究 [J]. 投资研究, 2012, 11 (31): 88-100.

[207] 李垣, 杨知评, 王龙伟. 从中国管理实践的情境中发展理论——基于整合的观点 [J]. 管理学报, 2008, 5 (4): 469-472.

[208] 廖丽萍, 胡仁杰, 张光宇. 模糊社会网络中的位置分析方法 [J]. 系统工程, 2012, 30 (8): 58-63.

[209] 马鸿佳,葛宝山,汤浩瀚.科技型创业企业资源获取与动态能力关系的实证研究[J].科学学与科学技术管理,2008(11):139-143.

[210] 王曦,党兴华.本地偏好对退出绩效的影响研究——基于中国本土风险投资机构的经验检验[J].科研管理,2014,35(2):111-118.

[211] 王宇露.海外子公司的战略网络、社会资本与网络学习研究——基于东道国子网的实证分析[D].复旦大学博士学位论文,2008.

[212] 王知津,樊振佳.基于社会网络分析的企业竞争战略[J].图书情报知识,2007,11(120):5-10.

[213] 王志涛,职鹏飞.基于网络的国际新创企业知识转移影响因素分析[J].科技进步与对策,2009,26(2):136-139.

[214] 温伟祥.网络视角下集群企业创业导向及其与绩效的关系研究[D].浙江大学博士学位论文,2008.

[215] 吴剑峰,吕振艳.资源依赖、网络中心度与多方联盟构建——基于产业电子商务平台的实证研究[J].管理学报,2007,4(4):509-524.

[216] 徐梦周,蔡宁.联合投资网络、中心性与创投机构绩效[J].重庆大学学报(社会科学版),2011,17(1):54-61.

[217] 杨桂菊.基于社会资本理论的网络组织演化机制新阐释[J].软科学,2007,21(4):5-8.

[218] 杨敏利,党兴华.主风险投资机构声誉、投资阶段与联合投资辛迪加构成[J].预测,2012,31(6):21-27.